완벽하지 않은 스무 살을 위한 진짜 공부

완벽하지 않은 스무 살을 위한

진짜
공부

후지하라 가즈히로 지음 | **임해성** 옮김

21세기북스

사람들은 새로운 생각을 두려워한다.
하지만 정말 두려운 것은 오래된 생각이다.

_ 존 케이지

정답이 없는 문제를
어떻게 풀 것인가

대학 및 특성화 고등학교에서 특강을 요청받아 강의를 진행할 때면 나는 항상 강의 주제를 이 책의 핵심 메시지와 같은 '정답이 없는 문제를 어떻게 풀 것인가'로 하고 있다.

아무래도 우리가 제도권 교육이라고 부르는 학교 교육은 선대先代의 지혜를 체계적이고 효과적으로 후대後代에 전해주는 것을 목표로 세우기 마련이다. 물론 이는 매우 중요한 일이다. 요즘 들어 가히 열풍이라 할 수 있을 정도로 '창의력'에 관심이 많은데, 창의력은 결코 기존 지식의 축적 없이는 발현될 수 없다.

새로운 상황, 새로운 지식과 융합해 일어나는 '섬광閃光'이라 할 수 있는 창의력은 '지식+상황' 또는 '지식+지식'이라는 본질을 바탕으로 일어나는 것이기 때문이다.

그런데도 내가 제도권 교육에 대해 한 가지 조언하고 싶은 이유는 아직 대부분의 학교에서 그렇게 전달된 지식이 유일한 정답의 위치를 차지하고 있기 때문이다. 이미 우리 사회는 산업화 단계를 지나 지식정보화 단계로 들어선 지 오래지만 여전히 학교에서는 정답이 있는 문제만을 반복하는 경우가 많다.

이런 교육을 받고 사회에 나온 사람들이 가장 먼저 겪게 되는 일은 오랜 모색과 탐구의 항해를 마치고 밟은 땅에서 일으키는 육지 멀미에 가깝다. 실상 사회에서, 기업에서, 일에서 부딪히게 되는 모든 문제에는 이른바 정답이 없다. 고도 성장기를 통해 축적된 지식과 성공 경험으로도 해결할 수 없는 전혀 새로운 양상의 문제에 대응하기 위해 모든 기업은 조직원들에게 고정관념을 깰 것을 요구한다. 과거의 성공 경험이 새로운 실패의 싹이될 정도로 변화가 심한 환경 속에서 생존하기 위한 '환골탈태換骨奪胎'를 요구하는 것이다.

이 책은 바로 그 지점에서 부딪히게 되는 이야기를 다루고 있다. '세상에는 정답이 없다'는 식의 속담과도 같은 일반론이 아니라, 한 사회의 성장 과정에서 반드시 도달하게 되는 지식정보화 사회의 변화 속에서 요구되는 새로운 '앎'에 대해 이야기한다. 기존의 지식이나 성공 경험만으로는 해결할 수 없는 문제, 즉 개인의 역량을 넘어서는 문제를 해결하기 위해 타인과 소통하고 각자의 생각을 전향적·비판적으로 소통하고 공유해야 하는 필연성에 관해 역설하고 있다. 이른바 '왜why'에 관한 이해다. '왜 이것을 하지 않으면 안 되는가'에 대한 이해 없이는 우리의 생각과 행동의 자발적인 변화를 이끌어낼 수 없다. 우리는 모두 자신이 왜 바뀌어야 하는지 제대로 알아야 한다.

피할 수 없는 이런 변화에 대처하기 위해서 개인과 조직은 스스로의 모든 역량을 총동원할 수 있는 방법을 강구하지 않으면 안 된다. 과거의 지식과 성공 경험이 무력화된 현실 속에서, 비록 처음에는 이리저리 허우적거릴 수도 있지만 이내 자연스럽게 유영할 수 있는 방법을 찾아내야 한다.

이를 가능하게 하기 위해서 우리는 각자의 생각과 관점을 모을 수 있는 시공간을 갖고 있어야 한다. 개인의 영역을 벗어난 새로운 양상의 문제를 해결하기 위해 집단 지성이 발휘될 수 있는 장을 반드시 확보해야 한다. 그런 시공간에서 효율적인 논의를 이어가기 위해서는 아무래도 각자의 사고방식과 문제해결

능력에 대한 기술적인 향상이 필요할 것이다.

이 책의 저자는 이를 위한 다섯 가지 기술을 설명하고 있다. 스스로 가설을 세우고 그것을 실제 상황에 견주어 검증해나가는 '시뮬레이션simulation', 각자의 생각을 공유하고 서로의 의견을 취합해 다듬어나가는 '커뮤니케이션communication', 자신과 타인의 생각을 의심해보고 논리적 타당성을 따져보는 '로지컬씽킹logical thinking', 상대방의 입장에서 생각을 이해할 수 있도록 돕는 '롤플레잉role playing', 그리고 이 모든 과정을 거쳐 얻은 결과를 효과적으로 전달하고 설득할 수 있는 '프레젠테이션presentation' 능력이 그것이다.

이런 능력은 정작 학교에서는 가르쳐주지 않는 것들이다. 하지만 사회생활을 하게 되면 반드시 체득해야 할 필수 역량이다. 그런 이유로 회사에 입사하면 신입사원들에게 이를 교육한다. 그렇다고 이 다섯 가지 능력을 신입사원 시절에 알아야 할 역량이라고 여기면 곤란하다. 신입사원이 갖춰야 할 기본 역량이 아니라, 신입사원 때부터 평생을 갈고 닦아야 할 궁극의 문제해결 능력이라고 이해하는 것이 맞다.

'처음'이라는 단어는 언제나 설렘과 동시에 긴장감을 안긴다. 대부분의 사람들은 사회생활을 처음 시작하면 설렘과 긴장감

속에서 상사의 업무 지시를 잘 수행해나가다가 세월이 흘러 어느 순간 그 자리를 대신하게 되면서 마침내 '안정적인' 삶을 꿈꾸게 된다.

그러나 유감스럽게도 '안정적'이라는 단어는 머릿속에서 지우고 사는 편이 좋다. 세상은 여전히 과도기에 있다. 변화는 멈추지 않는다. "모든 것이 변화한다는 사실만 변하지 않는다"라는 말이 있듯이 '안정'을 꿈꿀 수 있는 환경은 아마도 주어지지 않을 것이다. 게다가 복잡하고 변화무쌍한 환경은 기업의 수명을 갈수록 단축시키고 있는 데 반해 개인의 물리적 수명은 갈수록 늘고 있다. 이런 수많은 개인이 모인 조직, 개인이 자신을 드러내고 역량을 실현하는 장으로서 존재하는 기업들의 생존에 대한 필사적인 몸부림은 구성원들에게 실제보다 더한 '괴리'를 느끼게 한다.

이 괴리, 즉 시간이 지나면서 더 안정되기를 바라는 인간의 본능적인 '기대심리'와 줄기차게 변화와 혁신을 요구하는 '현실' 사이에서 출렁이는 파도를 효과적으로 헤쳐 나갈 수 있게 해주는 것이 바로 '협업'이다. 나 홀로 모든 문제를 해결할 수 없다는 무기력은 놀랍게도 인간의 태곳적 가치관인 협업을 새롭게 도출해냈다. 그 옛날 약하고도 약한 존재인 인류가 협업을 통해

완벽하지 않은 스무 살을 위한 진짜 공부

생태계의 왕좌에 오를 수 있었다는 집단 무의식을 자극하는 것이다.

마음껏 생각하고, 이야기하고, 실행해보자. 정답이 없는 문제는 정답이 없기 때문에 정답을 찾을 수 없다. 그럴 때에는 생각하고, 이야기하고, 실행하면서 정답을 '만들어가는' 것이다.

글로벌비지니스컨설팅 대표

임해성

사회에 첫발을
내딛을 여러분에게

　이 책은 여러분이 그동안 학교에서 배운 내용과는 조금 다른 '인생을 바꾸는 수업'이다. 나는 전직 중학교 교장이었기 때문에 아마도 말투가 학생들을 다루듯이 할지도 모르겠다. 본문 구성도 학교 수업처럼 진행될 것이다. 현재 학교에 다니고 있거나 갓 졸업한 사람이라면 부담이 없겠지만, 이미 사회생활을 하고 있는 사람이라면 낯설게 느껴질지도 모르겠다. 어쩔 수 없이 내게 밴 직업병이라고 생각하고 이해해주길 바란다.

　수업을 시작하기 전에 여러분의 이해를 돕기 위해 내 소개를 잠깐 하자면, 나는 교육학자라든가 대학교수라든가 그런 딱딱한 아저씨는 아니다. 도쿄대학교를 졸업한 후 리쿠르트에 입사해 도쿄 영업총괄부장, 신규사업담당 부장 등을 역임하고, 회사의 펠로우^{fellow}(매년 계약을 갱신하는 VIP급 특별 사원 – 옮긴이)로 일하다가 도쿄의 스기나미^{杉並}구 와다^{和田}중학교에서 공립중학교로서는 첫 민간인 교장을 지냈다.

현재는 '비즈니스·교육·인생'을 주제로 전국을 돌며 강연을 하는 등 삶의 조언자로 활동하고 있다. 비즈니스와 교육에 대해 알고 있으면서 인생을 바꾸는 기술에 대해서도 조금 밝은, 인생의 선배라고 생각해주면 좋겠다.

그래서 당돌하지만, 여러분에게 한 가지 문제를 내고 수업을 시작하겠다.

- 사람은 무엇을 위해 사는가?
- 사람에게 행복이란 무엇인가?

이것은 인류 문명의 역사가 시작된 이래로 계속 찾아왔지만 지금까지도 하나로 정의하지 못하는 인류의 과제다. 행복이라는 감정 자체를 객관적으로 판단할 수 없기 때문에 오히려 '정답'이

수업을 시작하며 사회에 첫발을 내딛을 여러분에게

없는 과제라고 해도 좋을 것이다.

　나는 이 문제로 오늘부터 수업을 시작하려고 한다. 수식이나 영어 단어, 역사의 연도와 같이 명확한 정답이 있는 수업을 하려는 것이 아니다. 지금부터 여러분이 하게 될 것은 어디에도 '정답'이 없는 문제에 대해 자신만의 답을 찾아가는 수업이다.

　오늘날 개인의 의견이나 확신 없이 정해진 답만을 외우고 찾아서는 살아남을 수 없는 시대가 되었다. 인터넷이나 스마트폰을 통해 클릭 몇 번, 검색 몇 번만으로 원하는 정보를 쉽고 빠르게 찾을 수 있지만, 그 지식은 온전히 우리의 것이 아니다.

　여러분은 무엇을 위해 사는가? 여러분에게 행복이란 무엇인가? 여러분은 어떤 사람이 되어 어떤 세상을 만들어갈 것인가? 이 수업을 마치면 스스로의 손과 생각으로 정답이 없는 근본적인 질문에 대한 여러분 나름의 답을 발견하고 그것을 행동으로 연결할 수 있게 될 것이다.

　어떤 의미에서 이것은 '생각한다'는 것의 정체를 추구하는 특별 수업이기도 하다. 생각한다는 것은 답을 암기하는 것이 아니다. 누군가가 만들어놓은 답을 찾아내는 작업도 아니다. 생각한다는 것은 스스로 답을 '만들어내는' 작업이다.

　도대체 그것이 어떠한 것인가, 그리고 얼마나 재미있고, 얼마나 성취감이 있는 것인가를 함께 배워보자. 지금부터 여러분의 인생을 바꿀 비밀스러운 수업을 시작한다.

수업을 시작하며 사회에 첫발을 내딛을 여러분에게

차례

0교시   지금까지 해온 공부는 잊어라

3교시 자신의 답을 의심하라
: 로지컬씽킹

4교시 다른 각도에서 바라보라
: 롤플레잉

5교시　답을 모두와 공유하라
: 프레젠테이션

지금까지 해온
공부는 잊어라

억지로 하는 공부는
의미 없다

수업을 시작하기 전에 여러분에게 한 가지 약속을 받고자 한다. 매우 단순하지만 머리가 굳어버리고 다 자란 우리들에게는 의외로 어려울 수도 있는 약속이다.

그것은 '공부'라는 두 글자를 잊는 것이다. 앞에서 학교 수업처럼 진행하겠다고 말했지만, 지금부터 하는 것은 무언가를 공부하기 위한 수업이 아니며, 암기를 하거나 정답을 맞추어보는 수업은 더더욱 아니다. 오히려 그동안 의무교육으로 배운 공부와는 정반대의 수업이라고 할 수 있다.

• 왜 공부를 잊어야 하는가 •

그 이유를 설명하기 전에 '공부란 무엇인가'에 대한 내 이야기를 들려주려 한다. 내가 초등학교 5학년인가 6학년 때의 일이었다. 학교의 과제 도서로 쥘 르나르Jules Renard의《홍당무》라는 소설과 헤르만 헤세Hermann Hesse의《수레바퀴 아래서》라는 소설을 읽어야 했다. 알다시피 두 책은 세계 문학사에 남은 명작이다.

하지만 난 이 두 권의 책 때문에 책이 너무 싫어졌다. '이 책이 뭐라고, 이런 어두운 이야기를 읽어야 하지?'라는 생각에 화가 났고 책 자체에 정이 떨어졌다.

그러다 독서의 재미를 느끼기 시작한 것은 대학을 졸업하고 사회인이 되고 나서였다. 그때부터는 책이 너무 재미있어서 닥치는 대로 읽고 지금까지도 독서하는 습관이 생겼는데, 중고등학교를 다니는 동안에는 독서가 정말 싫었다.

여기서 생각해보자. 어떻게 초등학생이었던 내가 대문호들의 훌륭한 명작을 읽고 '재미없다'고 느끼게 된 것일까? 초등학생에게는 너무 어려운 내용이라서? 등장인물들이 외국인이라 이름이 생소하고 낯설어서?

아니다. 그 이유는 '학교 과제로 선생님이 선택해준 책을 읽어야 한다'는 방식이 그야말로 '공부' 그 자체로 느껴졌기 때문이다.

이것은 공부라는 단어의 뜻을 보면 쉽게 알 수 있다. 공부는 한자로 '工夫'라고 쓴다. 이전에는 '功夫'라고 썼다. 工(功)은 '공업, 공사'를 뜻하고, 夫는 '부역, 즉 의무적으로 책임을 지우는 노역'을 뜻하니 두 글자 모두 '일, 작업'의 의미를 담고 있다. 우리가 흔히 알고 있는 것과는 달리 공부의 최초의 뜻은 '토목이나 건축 공사와 관련한 노동이나 어떤 경지에 오르기 위한 몸의 단련'을 의미한다. 그러다 현대로 넘어오면서 공부는 '어떤 일을 하는 데 들이는 시간과 노력'이라는 의미로 쓰였다.

말하자면 공부라는 것은 "억지로 주어지는 부역과 같이 이미 결정된 '정답'을 놓고 노력해야 하는 것"이다. 그러니 공부가 재미없는 것은 당연한 이치다.

초등학교 시절의 어린 나도 '이것을 읽고 오라'는 선생님의 강요된 숙제와 독후감(말하자면 모범적인 정답)을 작성하지 않으면 안 되는 상황에 반발심이 들었던 것이다.

지금부터 시작하는 수업에서는 여러분에게 그 어떤 것도 강요하지 않을 것이다. 또한 노력이나 근성을 요구하지도 않을 것이다. 왜냐하면 지금은 그런 '공부'를 해서는 살아갈 수 없는 시대가 되었기 때문이다. 미국이나 유럽 등 여러 나라에서는 이미 오래전부터 정답이 여러 개이거나 아예 정답이 없는 문제를 출제하고 그런 문제를 풀어나가는 길을 가르친다. 정답을 가르치는 게 아니라 스스로 생각하고 문제를 해결해나가라는 의미다.

12년 이상 주입받은 입시 위주의 교육은 우리 자신을 능동적인 태도에 낯설게 할뿐더러 인생을 성장시키는 데 큰 공헌을 하지도 못한다. 이것은 사회에 나가서도 마찬가지다. 인생의 주체인 여러분에게는 공적이든 사적이든 스스로 생각하는 힘이 반드시 필요하다.

왜 어른들은
공부를 강요하는가

이제까지 해왔던 방식의 '공부'로는 살아갈 수 없는 시대다. 이것은 어떤 의미일까? 지금 우리가 어떤 시대를 살고 있는지, 그리고 과거와 지금은 무엇이 달라졌는지 함께 생각해보기로 하자.

내가 어렸을 때 선생님에게 자주 듣던 말이 있다. 나 뿐만이 아니라 많은 사람들이 어려서부터 지겨울 만큼 자주 들었을 것이다. 일본 교육에서 가장 중요하게 생각하는 세 가지의 키워드라 할 수 있다.

'똑바로 해라.'

'빨리 해라.'

'착한 아이가 되어라.'

여러분도 어릴 때 많이 들었던 기억이 나지 않는가? 지극히 평범하고 어디서나 들을 수 있는 설교지만, 당시에는 이것이 대단히 중요한 키워드였다. 더 구체적으로 말하면 제2차 세계대전 이후 부흥기와 고도성장기에 걸친 일본의 사회 풍토였다. 즉 그것은 시대의 요청이었다.

당시 일본 산업계는 '똑바로', '빨리', '착한 아이'라는 인재를 필요로 했다. 이 세 가지의 키워드에는 어떤 의미가 담겨 있는 걸까?

- 똑바로: 제대로, 정확하게
- 빨리: 즉시, 당장, 어서
- 좋은 아이: 순종·순응하는

결국 이상적인 사람은 정확하고 빠르게, 그러면서도 순종적으로 움직이는 사람이었다. 이것은 사람을 로봇으로 비유한 것과 같다. 물론 이 교육 방침이 잘못된 것이라고만은 할 수 없다. 당시의 일본은 제대로 된 공업국가가 되기 위해 온 나라가 하나로 똘똘 뭉치는 것이 필요했다. 국가경제가 빠른 시일 내에 성장하고, 작년보다 올해가, 올해보다는 내년이 더욱 풍요로워지는 그림을 추구하는 그런 '성장사회'였다.

기업에 요구되는 것 또한 '더 많이', '더 싸게', '더 균일하게'라는 세 가지였다. 이 세 가지 조건을 갖추면 만들기만 해도 물건이 팔리고, 회사는 고속 성장하고, 국민의 생활이 좋아졌다. 이런 시대적 배경은 '제대로, 빨리, 시키는 대로 따르는 순종적인 사람'을 요구했고, '기초가 튼튼하고 성실하게 일할 수 있는 사람을 키워내는 (이런 정답을 찾아가는) 공부' 방식을 선호하는 결과를 초래했다.

나라 전체가 성장을 향해 숨 가쁘게 돌아가는 성장사회에서는 읽고 쓰고 외우는 기초적인 공부만 해두면 충분했고, 그것을 성실히 이행하기만 하면 어느 정도의 행복이 보장되었다.

세상에서
사라진 '정답'

여러분은 부모 세대가 밤낮없이 일하며 나라와 가정을 위해 모든 노력을 쏟아 붓던 시대보다 평화롭고 풍요로운 시대에 태어났다. 아마 여러분의 부모들은 자신의 행복이나 가치를 잃어버린 채 오로지 경제 불황을 이겨내기 위해 고군분투하며 살아왔을 것이다. 현대가 잃어버린 많은 것 중에 가장 소중한 것, 그것은 우리 모두가 공유하고 있던 '정답'이다.

쉽게 설명하면 이렇다. 내가 어렸을 때 가장 일반적인 오락 수단은 텔레비전이었다. 거실 한가운데에 텔레비전이 놓여 있고 가족이 모여 같은 프로그램을 봤다. 연속 드라마와 가요 프로그램, 외국 영화나 퀴즈 프로그램, 야구나 축구 경기, 그리고 제야의 종소리를 들으면서 가는 해와 오는 해를 함께 즐기곤 했다.

가족의 기호를 신경 쓰거나 걱정할 필요도 없었다. 텔레비전의 화면에는 가족 모두가 알고 있는 가수가 나와서 가족 모두가 알고 있는 히트송을 불렀고, 배우나 아이돌, 퀴즈 프로그램의 사회자도 가족 모두가 알고 있는 '그 사람'이고 '그 아이'였다.

하지만 지금은 어떤가? 부모가 좋아하는 가수나 노래가 우리가 좋아하는 가수나 노래와 통하는가? 또는 거실이나 같은 방에서 같은 프로그램을 보면서 함께 웃는 일이 있는가? 그보다도 가족이 모여서 마지막으로 텔레비전을 본 게 언제인가?

지금 대부분의 사람들은 자기 방에서 텔레비전을 보거나 텔레비전보다는 스마트폰이나 인터넷 게임을 하면서 혼자 있는 시간이 더 많을 것이다. 더 이상 예전처럼 '여름에는 야구를 봐야지!', '연말에는 연예대상 시상식을 봐야지!' 하는 시대가 아니다. 만인에게 통했던 정답을 잃어버리고 모두가 개인으로 해체되었다. 여러분에게는 그게 더 자유롭고 좋게 느껴지는가? 선택지가 하나밖에 없었던 그 시절이 고리타분하고 재미없게 느껴지는가?

그럴지도 모른다. 하지만 정답이 사라짐으로써 세상에는 커다 란 변화가 시작되었다. 예를 들면 일찍이 기업에게 절대적인 정답이었던 '더 많이', '더 싸게', '더 균일하게'라는 세 가지의 룰이 전혀 통용되지 않는 그런 시대가 되었다.

기업이 전략적으로 하나의 제품만을 많이 생산한다면 팔리지 않은 대부분의 제품이 재고로 쌓여 엄청난 적자를 만든다. 이것은 경기가 나빠서가 아니라 사람들의 기호가 다양해졌기 때문이다. 같은 자동차라도 다섯 종류 이상의 컬러를 갖추어야 하고, 그래도 '마음에 드는 색이 없다'며 다른 회사의 차를 찾는다.

편의점에 진열된 음료수 종류만 봐도 변화된 사회 양상을 쉽게 알 수가 있다. 내가 어릴 때는 소풍 가는 날 아이들 가방에 든 음료수 종류가 거의 비슷했다. 지금은 탄산음료에서부터 과즙음료, 유산균음료 등 수십 가지가 넘는 종류가 매장을 덮고 있다. 이처럼 사람들이 같은 물건이나 서비스에 만족하는 시대는 끝났다.

그리고 물건을 '더 싸게' 제공하더라도 개발도상국의 저렴한 생산품을 따라갈 수가 없다. 무모한 가격을 매겼다가는 팔면 팔수록 적자가 커지는 본말이 전도되는 일이 생길 정도다.

그럼 어떻게 하면 좋을까? 놀랍게도 아무도 알 수 없다. 단 하

완벽하지 않은 스무 살을 위한 진짜 공부

나 확실히 알 수 있는 것은 성장사회에 존재했던 '정답'은 이제 없다는 것이다. 즉 주어진 정답을 따라가는 것이 아니라 자신의 생각으로 '새로운 정답'을 만들어내지 않으면 안 된다.

성장사회에서
성숙사회로

●

●

●

　여기서 이야기를 한번 정리해보자. 우리 사회가 성장에 초점을 맞추고 달려갈 때 세상에는 누구나가 인정하는 '정답'이 있었다. 진학, 취업, 결혼, 자동차나 집 구입이라는 인생의 절차가 있었다. 좋은 대학을 나오면 대기업에 취직하거나 공무원이 될 수 있다는 것, 그리고 연공서열에 따라 급여가 오르고 일만 열심히 하면 출세가 가능하다는 것. 이것이 모든 사람이 꿈꾸는 행복하고 이상적인 삶의 모습이었다.

　또 '더 많이', '더 싸게', '더 균일하게'라는 사회가 정해준 정답이 있고, 그 목표를 향해 정진하면 밝은 미래가 약속되었다. 이때 가장 중요한 것은 1초라도 빨리 정답에 도달하는 '정보처리능력'이었다. 정보처리능력을 기르는 데 가장 유효한 수단은 '읽고 쓰고 외우는' 공부였다. '공부만 잘하면 어떻게든 잘된다', '부모님이나 선생님 또는 나라가 시키는 대로만 하면 뭐가 되도 된다'라는 어떤 의미에서는 꽤 편하고 공평한 시절이었다.

하지만 이런 성장사회는 어느 단계에서 멈춰버렸다. 게다가 건전지가 다 돼서 멈춘 시계처럼 공영共榮이라는 사람들 마음의 영역에서도 진행이 멈췄다.

일본이 전후의 폐허 속에서 일어나려고 했을 때 모두의 마음을 사로잡았던 것은 '푸짐한 고기덮밥을 먹고 싶다', '따뜻한 옷을 사고 싶다', '제대로 된 집에서 살고 싶다'는 의식주에 관한 욕구였다.

의식주가 해결되자 이번에는 '텔레비전을 갖고 싶다', '냉장고를 사고 싶다', '에어컨이 필요하다'와 같이 생활이나 문화에 관한 욕구가 생겨났다. 일상생활을 보다 편리하고 풍요롭게 해주는 물건을 요구하게 된 것이다.

그도 그럴 것이 냉장고가 있으면 고기나 생선 등을 쉽게 상하지 않게 보관할 수 있다. 그러면 가정에서 일어날 수 있는 식중

독을 막을 수 있다. 또 보존 기간이 길어지므로 물건을 한 번에 많이 사다놓을 수 있다. 그러면 비용을 절감할 수 있고, 무엇보다 날마다 시장에 가서 식재료를 사야 하는 주부들에게는 일이 줄어들고 자유시간이 늘어나는 셈이다. 밥솥이나 청소기, 세탁기 같은 새로운 가전제품을 구매하면 그만큼 집안일이 쉽고 편해진다. 이렇게 물건이 풍부해지는 것은 곧 모두의 '행복'과 직결된다는 의미다.

자, 여기서 문제를 하나 내겠다. 물건의 풍요로 생활이 어느 정도 만족된다면 그다음에는 무엇을 가지고 싶어 할까? 의식주가 해결되고, 텔레비전과 냉장고, 에어컨, 자동차 등 삶을 편리하게 해주는 물건들을 전부 갖췄다면 사회의 욕구가 어디로 나아갈 거라고 생각하는가?

이제 물건은 더 이상 욕구 충족의 대상이 되지 못할 것이다. 기술이 더욱 발달해서 텔레비전이 1센티미터로 얇아진다고 해도, 일반 자동차가 시속 400킬로미터를 달리게 된다 해도 그것은 우리가 찾는 '행복'과는 상관없게 될 것이다. 더 이상 물건으로는 채울 수 없게 된 행복을 우리는 '마음의 풍요로움'에서 찾게 될 것이다.

이 새로운 시대의 양상을 나는 '성숙사회'라고 부른다. 물건의

풍요를 추구하는 것이 성장사회라면, 그에 비해 마음의 풍요를
추구하는 것이 성숙사회다. 이것은 대단히 중요한 포인트이므로
꼭 기억해두기 바란다.

정답은
마음속에 있다

다음 문제로 넘어가보자. 앞에서 '마음의 풍요'라는 표현을 사용했는데 구체적으로 무엇을 의미할까?

이것은 '마음'이 어떻게 만족하는가라는 문제이므로 사실 개인마다 다르다. 예를 들면 지금은 프로 야구선수가 메이저리그에 도전하는 것이 당연한 시절이 되었지만 과거에는 그렇지 않았다. 평생 일본에서 플레이를 하는 것, 그리고 운이 좋으면 자이언츠나 타이거즈와 같은 인기 구단에서 활약하는 것이 일본인 프로 야구선수들의 '정답'이었다.

완벽하지 않은 스무 살을 위한 진짜 공부

1995년 당시 일본 최고의 투수였던 노모 히데오野茂英雄가 주위의 반대를 뿌리치고 미국으로 건너가 대활약을 펼쳤다. 물론 메이저리그에 가서 활약할 수 있다는 보증 따위는 어디에도 없었다. 그렇기는커녕 2군이나 3군으로 밀려날 수도 있는 무모한 도전이었다. 일본에 있으면 최고의 에이스라는 자리가 보장됐음에도 말이다. 하지만 노모 선수의 '마음'은 그것으로는 만족이 안 되었다. 일본 최고의 자리에 안주하는 것이 아니라 세계 최고의 리그에 도전해보고 싶다는 생각이 강했던 것이다. 노모 선수는 당당하게 불모지에서 성공 신화를 썼고, 그의 도전에 용기를 얻은 많은 일본 선수가 메이저리그에 도전했다.

물론 가족이나 팬의 마음을 헤아려서 또는 메이저리그에 흥미가 없어서 계속 일본에서 활동하는 선수들도 많다. 이것은 '마음'의 문제이므로 어느 것이 '정답'이라고는 할 수 없다. 정답은 바로 그 사람의 마음속에 있는 것이니까.

이처럼 성숙사회가 되면 모두의 가치관, 삶의 방식, 일하는 방식, 취미가 다양하게 나누어져 어떤 식으로든 하나의 정답만으로는 설명할 수 없다. 이것은 세상의 룰이 바뀌었다고 해도 좋을 정도의 커다란 변화다.

그런데 여기서 문제가 되는 것은 룰이 바뀌면 플레이어도 바

뛰어야 한다는 것이다. 같은 육상경기라도 100미터 달리기와 마라톤은 요구되는 능력이 전혀 다른 것처럼 마라톤의 시대가 되었음에도 100미터 달리기에 필요한 스타트만 연습한다면 별 의미가 없다. 장거리에는 장거리용의 연습 메뉴가 따로 있기 마련이다.

여러분이 해야 하는 공부도 마찬가지다. 기초체력에 해당하는 공부가 중요한 것은 지금이나 옛날이나 변함이 없다. 이 말을 오해하지 않기를 바란다. 나는 지금 '공부 안 해도 좋다'라는 말을 하고 있는 것이 아니다. '지금과 같은 공부로는 충분하지 않다'라는 말을 하고 싶은 것이다.

기존의 공부는 어디까지나 정답을 전제로 만들어진 성장사회에 필요한 능력을 몸에 익히는 프로그램이었다. 그러나 성숙사회에서는 정답이 있는 공부와 더불어 '정답이 없는 시대'를 살아가기 위한 새로운 능력을 익히지 않으면 안 된다. 공부라고 하는 단어의 의미가 재정의되어야 할 때가 온 것이다.

공부
'너머'의 능력

성숙사회에 필요한 새로운 힘이란 구체적으로 어떤 것인가? 성장사회에서 우리에게 요구된 것은 1초라도 빨리 '정답'에 도달하기 위한 '정보처리능력'이었다. 이것은 퍼즐을 완성시킬 때의 능력과 같다. 수백 또는 수천 개의 조각으로 이루어진 퍼즐. 그 패키지에는 '완성하면 이렇게 됩니다'라는 사진이 친절하게 실려 있다. 처음부터 정답이 주어져 있는 셈이다.

그래서 어떤 형상이나 그림에 의존하여 각각의 조각을 적절한 위치에 배치해나간다. 어느 조각을 어디에 배치해야 하는가는 처음부터 정해져 있고, 하나라도 위치가 틀리게 되면 퍼즐을 완성할 수 없다. 퍼즐이란 주어진 정보(퍼즐 조각)를 재빨리 처리하는 능력, 즉 '정보처리능력'을 묻는 지적 게임이다.

그러나 성숙사회에는 그 '정답'이 없다. 퍼즐과 같은 정답이 없는 그 속에서 과제를 해결하지 않으면 안 된다. 그래서 성숙사회는 레고 블록을 조립하는 것과 같은 능력이라고 할 수 있다.

레고 블록으로 개를 만든다고 했을 때 가지고 있는 블록을 어떻게 조합하여 어떤 모양의 개를 만들 것인가? 또는 크기는 어느 정도로 하고 견종은 무엇으로 할 것인가? 푸들로 할 것인가, 불도그로 할 것인가? 아니면 닥스훈트로 할 것인가? 모든 것이 만드는 사람인 여러분에게 달려 있다. 백 명의 사람이 만든다면 백 가지 종류의 개가 가능하다는 것이다.

이렇게 레고 블록을 조립하는 것과 같은 능력을 '정보편집능력'이라고 부른다. 주어진 블록(정보)을 조합하여 새로운 답안을 만들어내는 능력. 누군가가 만든 정답에 도달하는 것이 아니라 손을 쓰고, 다리를 쓰고, 머리를 써서 자신만의 답을 '편집'해가는 능력. 자신이 가진 모든 기술, 지식, 경험을 조합하고 연결하여 '편집'하는 능력. 이것은 정답을 찾아내기만 하면 되는 '정보처리능력'과는 완전히 다른 능력이다.

여기서 커다란 문제에 직면하게 된다. 세상에 정답이 존재하던 시대에는 그 정답을 가르쳐주는 '선생'이 있었다. 학교 선생은 물론, 가정에서는 부모나 친척 어른들, 나아가 사회의 상사에 이르기까지 모든 이들이 선생의 역할을 해왔다.

원래 선생先生이란 한자는 '먼저 태어난 사람'이라는 뜻이다. 먼저 태어난 사람은 이미 세상의 '정답'을 알고 있다고 여겼다. 그렇기 때문에 부모나 사회의 상사들은 '선생'으로서 많은 '정답'을 가르쳐줄 수 있었다. 여기서의 정답은 '상식'이라고 바꾸어 말해도 좋을 것이다.

그러면 정답을 잃어버린 성숙사회에서는 어떨까? 먼저 태어났다는 것만으로 선생의 역할을 훌륭하게 할 수 있을까? 과거 시대에 정답이었던 것이 지금은 '시대에 뒤떨어지는 상식'이 되는 경우는 없을까?

그렇다. 세상에 정답이 없다는 것은 그 정답을 가르쳐주는 선생이 없다는 말이다. 예전이나 지금이나 국어나 수학, 영어 등 특정 과목을 가르쳐주는 선생은 언제나 존재한다. 부모가 세상의 상식을 알려주거나 회사 상사가 비즈니스 매너를 가르쳐줄 수도 있다. 하지만 지식 레벨의 정답을 넘어선 삶의 방식이나 일하는 방식의 정답을 가르쳐주는 선생은 그 어디에도 존재하지 않는다.

　그래서 여러분은 선생이 없는 수업 속에서 무언가를 얻어내기 위해 스스로 노력하지 않으면 안 된다. 선생이란 결국 문자 그대로 먼저 태어난 사람일 뿐이다.

선생보다 선배가
중요한 시대

앞서 말했듯이 나는 '선생'이 아니라 한 사람의 '선배'에 지나지 않는다. 사실은 아무것도 아닌 이 한마디에 성숙사회를 살아가기 위한 중요한 키워드가 숨겨져 있다.

여러분은 일상에서 어떤 어른들과 대면하고, 어떤 어른들과 이야기를 나누며 커뮤니케이션을 하고 있는가? 아마 가장 먼저 떠오르는 어른은 부모나 친척 어른, 학교의 교수, 회사 간부나 사장 정도가 아닐까 생각된다. 역시 넓은 의미의 '선생'이 중심이 되는 셈이다.

부모와 자식, 선생과 학생, 감독과 선수, 사장과 직원. 이런 어른들과의 관계는 기본적으로 '수직적인 관계'를 이루게 된다. 위의 입장에 있는 사람과 아래의 입장에 있는 여러분. 가르치는 사람과 가르침을 받는 여러분. 결국 상하관계다.

• 사선의 관계 •

이에 비해 친구들의 관계는 '수평적인 관계'라 할 수 있다. 누가 더 낫다는 것이 아니라 대등한 입장에서 이루어지는 교제. 가볍게 말해서 좀 더 친밀한 관계다. 인간관계는 이 수직과 수평만으로 충분한 것일까? 게다가 정답을 가르쳐주는 선생이 없는 성숙사회에서 누구로부터 무엇을 배우면 좋을까? 그래서 수직이나 수평이 아닌 또 하나의 소중한 인간관계가 '사선의 관계'다.

여러분에게 가장 가까운 사선의 관계라고 한다면 학원 강사나 강연자, 헬스 트레이너 등이 될 것이다. 왠지 모르지만 학교 수업보다 더 재미있지 않은가? 공부 그 자체가 재미있는지 어떤지는 사람에 따라 다를 수 있다. 하지만 학교 외에 교육이 이루어지는 장소에서는 밝은 분위기와 자유로움이 있고, 학원 강사나 담당 트레이너에 대해서는 자기편인 것 같은, 무언가 좋은 의미의 선배 같은 이미지가 있지 않은가?

이것은 이들과 수직적인 관계가 아닌 사선의 관계를 맺고 있기 때문이다. 사선의 '선배'는 문제의 정답을 알려주는 게 아니라 세상을 살아가는 데 필요한 '힌트'를 알려줄 뿐이다. 스스로의 경험을 바탕으로 부모나 학교의 선생들과는 전혀 다른 각도에서 빛을 비춰 새로운 관점이나 사고방식의 존재를 보여준다.

여러분 정도의 나이가 되면 아무래도 학교나 사회의 부정적인 모습을 발견하고 자신만의 관점으로 바라보며 반발하는 경향이 나타날 수도 있다. 이것은 여러분이 사회에 첫발을 내딛기 위한 과정 또는 나를 가르치는 사람들을 넘어서려는 과정으로 누구나 반드시 겪는 일이다. 그런 의미에서도 반발할 필요가 없는 사선의 관계가 중요하다.

그런 점에서 나도 여러분과는 사선의 관계에 있는 선배라고 할 수 있다. 수업을 시작하며 간단히 설명했지만, 원래 나는 교육과 아무런 관계가 없는 전형적인 비즈니스맨이었다. 대학교를 졸업하고 20대에는 리쿠르트라는 회사에서 말 그대로 아침부터 밤까지 일만 했다. 성장사회가 요구하는 인간의 모습 그대로였다.

하지만 30세를 지나면서 과로 때문에 '메니에르 증후군(귀울림, 난청과 함께 갑자기 평형감각을 잃고 현기증이나 발작을 일으키는 질환)'에 걸렸고, 그 일은 내게 삶의 방식이나 일하는 방식에 대해 새로운 관점을 가지게 만들었다. 그리고 30대 후반에는 약 2년 반 정도 유럽에 머물면서 오랜 역사 속에서 구축된 '성숙사회'를 직접 목격했다. 이 경험은 내게 큰 의미가 있다.

예를 들면 프랑스의 일반 가정에는 거실에 텔레비전이 없다. 텔레비전이 있는 곳은 주로 침실이다. 그들에게 거실은 식사나 대화를 즐기기 위한 공간이기 때문이다. 프랑스 사람들은 오히려 텔레비전이 있는 방으로 손님을 안내하는 것은 실례라고 생각한다. 그들은 어떻게 하면 '마음의 풍요'를 얻을 수 있는지 알고 있는 것이다.

이외에도 식사나 음주를 함께 즐기는 모습, 휴일을 보내는 방법, 친구들과 만나고 교류하는 모임 등 일본의 일상과 너무도 다른 유럽의 생활은 내 마음에 커다란 변화를 가져왔다.

이런 경험을 토대로 40대 후반에 와다중학교의 교장이 되어 내가 맨 처음 시작한 것은 학교에서 가르치는 '지식'과 실제 '사회'를 연결하는 '세상 수업'이었다. 이것은 성숙사회에 필요한 레고형의 정보편집능력을 키우는 수업이며, 지금부터 여러분이 해야 할 일도 이 '세상 수업'을 발전시킨 수업과 마주하는 것이다.

중학교에서 처음 시작했지만 대학생이나 취업준비생 또는 사회초년생에게 꼭 필요한 과정이라고 생각한다. 아직도 많은 사람들이 학교 제도에 길들여져 스스로 자신의 머리와 손으로 생각하는 힘이 약하기 때문이다.

그래서 이 수업이 어떤 사람에게는 전공과목보다 쉽게 느껴질 수도 있고, 또 어떤 사람에게는 낯설고 어려운 일일 수도 있다. 여러분이 지금까지 배운 지식과 경험을 사회로 연결시키기 위한 주체적 학습에 마음을 열고 적극적으로 참여해주기 바란다.

새로운 수업을
시작하자

●

●

●

　레고형 정보편집능력을 몸에 익히기 위한 '세상 수업'에는 '정답'이란 없다. 이 답이 맞고 저 답은 틀렸다와 같은 채점도 평가도 없다. 정답 대신 여러분 스스로 도출한 '납納·득得·해解'가 있을 뿐이다.

　납·득·해란 한마디로 말하면 '스스로 납득할 수 있고 더불어 주위 사람을 납득시킬 수 있는 답'이다. 객관적으로 올바른 답(정답)은 존재하지 않는다. 그렇기 때문에 자신이 스스로 '납득'할 수 있는 답을 이끌어내는 것이다. 그리고 가능하면 주변 사람

완벽하지 않은 스무 살을 위한 진짜 공부

들도 '납득'하도록 만드는 것이다.

다만 납·득·해라는 말을 '뭔지 모르지만 그렇다고 생각하는 답'이라고 애매하게 생각하지 않길 바란다. 최종적인 판단을 내리는 것은 자기 자신이지만 '이것이 맞다'고 결론을 내리기 위해서는 그 나름의 스텝을 밟지 않으면 안 되기 때문이다. '왠지 모를 느낌'으로 도출한 답은 주변 사람들을 설득할 수 없다.

납·득·해를 어떻게 이끌어내는지 구체적으로 살펴보기로 하자.

관찰

예를 들어 에너지 문제에 대해 이야기한다고 하자. 화력발전, 수력발전, 풍력발전, 태양광발전, 그리고 원자력발전에 이르기까지 다양한 발전 기술의 메리트merit나 디메리트demerit를 알지 못하면서 안이하게 '이것이 맞다'고 할 수는 없다.

문제를 확실히 들여다보고 자신이 생각하는 데 필요한 재료, 그것을 판단하기 위한 재료를 모으는 것. 이런 일련의 것을 '관찰'이라 한다.

가설

자신이 모은 재료를 바탕으로 '이것이 보다 좋은 것이 아닐까?', '이렇게 하면 좀 더 새로운 결과가 나오지 않을까?', '이렇게 하면 문제가 해결되지 않을까?'와 같은 가설을 세운다. 아직 최종적인 답이 아니라도 괜찮다. 얼마든지 수정 가능한 '이렇지 않을까?'라는 가정적인 답, 즉 '가설'이다. 여기서는 주위의 의견도 참고하는 것이 중요하다.

검증

자신이 세운 가설을 비판적인 눈으로 보고 빈틈이 없는가를 체크한다. 자신의 답을 의심의 눈으로 하나하나 점검한다. 감정이 아닌 '논리'를 중시하여 어떤 반대 의견에도 버틸 수 있을 정도로 다듬어가는 과정이다. 여기서는 자신이 세운 가설(답)이 정말로 옳은 것인가를 객관적으로 생각하는 것이 중요하다.

증명

'나는 이러한 답을 도출했다', '나는 이것이 맞다고 생각한다' 라는 자기 나름의 '답'을 주변의 모두에게 인정받는다. 내가 왜 그렇게 생각하고, 그 의견이나 아이디어의 근거가 무엇인지를 잘 설명하여 모두를 납득시킨다.

여기까지 해야 납·득·해가 완성된다. 느낌으로 도출한 답과 는 상당히 다른 구조를 가지고 있을 것이다. 어렵게 느낄지도 모르겠지만, 한번 생각해보라. 레고 블록을 조합할 때도 자연스럽게 이와 비슷한 스텝을 거치지 않는가? 재료를 관찰하고 '이렇게 하면 되지 않을까?'라고 가설을 세운다. 실제로 조립하는 가운데 '정말로 이렇게 하면 될까?'라고 의심하고 검증하고, 최종적으로 '어때? 내가 만든 강아지다!'라고 증명한다.

결국 이것은 레고형의 능력, '정보편집능력'을 단련하기 위한 스텝이기도 하다. '세상 수업'에서는 좀 더 실제 사회와 연결된 형태로 '정보편집능력'을 몸에 익히기 위해 다음의 다섯 가지 키워드를 꼭 외우길 바란다.

- 시뮬레이션 능력

- 커뮤니케이션 능력

- 로지컬씽킹 능력

- 롤플레잉 능력

- 프레젠테이션 능력

이 모든 것의 의미를 완벽히 알 수 없더라도 지금은 괜찮다. 배우기보다는 익숙해지자는 정신으로 이 수업에 임해주길 바란다. 수업이 끝났을 때 삶의 방식이나 사고방식이 크게 변화해 있을 것이다. 자신에게 어떠한 변화가 찾아들 것인지, 주변의 풍경이 어떻게 바뀔 것인지 기대하기 바란다.

손발을 써서 생각하라
: 시뮬레이션

一校時

모든 것은 안다는 것에서 시작된다

우선 이 책의 구성에 관해 간단히 설명하면 1교시에서는 '시뮬레이션 능력'을 몸에 익히게 된다. 대부분의 사람은 '왜 시뮬레이션 능력이지?'라든가 '도대체 시뮬레이션 능력이 뭐지?'라는 의문을 가지게 될 것이다. 그래서 각각의 수업을 '배워야 하는 이유'에 대해 설명하고 시작할 것이다.

여러분도 분명 수학 문제를 풀면서 '이게 어디에 도움이 되는 거지?', '이것이 사회에 나가면 얼마나 쓸모가 있지?'라는 의문을 품은 적이 있을 것이다. 확실히 무엇을 위해 하는 것인지도 모른 채 진행되는 공부는 고통 이외에 아무것도 남지 않는다.

그렇기 때문에 시뮬레이션 능력에서 프레젠테이션 능력까지 왜 그것이 필요한지를 확실히 이해해야 한다. 앞에서 말했듯 '세상 수업'에서 해왔던 수업을 여러분에게 맞게 수정하여 재현할 것이다. 여러분은 지금 책을 읽고 있지만 여러분에게 마치 입체적인 수업이나 강연을 받고 있는 듯한 느낌을 주기 위해서다.

지금부터 시작하는 1교시에서 마지막 5교시까지 이런 흐름으로 수업을 진행한다.

• 1교시를 시작하자 •

이 '세상 수업'은 앞서 여러 번 말한 것처럼 '정보편집능력'을 몸에 익히는 수업이며, 좀 더 심플하게 말하면 '생각하는 힘'을 몸에 익히는 수업이다. 암기하는 능력이나 기계적으로 처리하는 능력이 아니라 자신의 머리로 생각하는 능력을 기르는 것이다.

그렇다면 '생각한다'는 것은 무엇일까?

사람은 누구나 날마다 생각하면서 생활한다. 공부 이외에도 좋아하는 음식이나 좋아하는 아이돌, 오늘 밤에 방송되는 드라마, 내일의 날씨나 데이트 복장 등 많은 것을 생각한다. 하지만 이런 생각들에는 '생각하는 힘'이 그다지 사용되지 않는다.

배가 고프다든가, 저 옷을 사고 싶다든가 또는 내일 비가 오면 어쩌나 하는 것들은 '생각한다'라기보다는 '느낀다', '떠오른다'에 가까운 감정이다. 지금 내가 말하는 '생각하는 힘'은 그보다는 더 깊고, 더 머리를 써야 하는 것들이다.

그래서 우선 이 수업의 밑바탕에 있는 '생각한다는 것은 무엇인가?'에 관해 살펴보자. '세상 모든 사람들이 우동을 먹게 하려면 어떻게 해야 하는가?'라는 문제를 놓고 생각해보자. 여러분의 머리에서 다양한 아이디어가 떠오를 것이다. '가츠오(가다랑어) 국물에 익숙하지 않은 외국인이 많으니까, 국물을 멸치나 고기 육수로 바꿔볼까?', '우동 위에 얹는 튀김을 프라이드치킨으로 하면 어떨까?', '포크로 먹을 수 있도록 면의 굵기를 바꾸는 것은 어떨까?'처럼 말이다.

이것이 우동이 아니라 '어란魚卵'이라면 어떨까? 바로 아이디어가 떠오르는가? 아마 '어란이 뭐야? 그런 건 먹어본 적이 없는데'라는 생각이 들지도 모른다. 어란은 물고기, 그중에서도 숭어, 방어, 삼치의 알을 따로 떼어내서 소금에 절여 말린 음식이다. 일본에서 사랑받는 술안주 중에 하나다.

우동을 마케팅한다면 많은 '생각'이 가능한데, 어란의 마케팅 계획에 관해서는 거의 아무런 생각도 떠오르지 않는다. 이것이 대단히 중요한 포인트다. 우리 자신이 '알고 있는' 것에 대해서는 여러 가지로 생각할 수 있음에 반해, 자신이 '알고 있지 않은 것'에 대해서는 아무것도 생각할 수 없다. 왜냐하면 생각하기 위한 '재료'가 없기 때문이다. 일본 에도시대江戸時代의 사람에게 '인터넷의 재미에 대해 기술하시오'라고 한다면 그 어떤 대답도 할 수 없는 것과 마찬가지다.

결국 무언가를 '생각하기' 위해서는 반드시 '안다'라는 스텝이 필요하다. 알고 있지 못하면 '조사한다'는 작업이 필요하게 된다. 폭넓게 조사하고 많은 정보를 손에 쥠으로써 비로소 '생각한다'는 것이 가능해진다.

우선 안다는 것, 조사한다는 것. '생각하기'는 모두 여기에서부터 시작된다.

완벽하지 않은 스무 살을 위한 진짜 공부

또 하나의 눈으로
세상을 보자

●

●

●

사상事象에 대해 생각하기 위해서는 먼저 생각하기 위한 재료를 모아야 한다. 이것을 '관찰'이라고 한다. 어른들이 자주 '책을 많이 읽어라'라든가 '만화만 보지 말고 신문도 좀 봐라'라는 말을 한다. 책은 그렇다 치더라도 신문을 보는 것이 무슨 재미가 있냐고 생각하는 사람들이 많다. 하지만 생각하기 위한 재료를 모은다는 관점에서 보면 신문을 봐야 하는 의미를 이해할 수 있다. 신문을 읽거나 뉴스를 보는 것, 또는 동네를 걷는 것, 그 모든 것은 생각하기 위한 재료를 모으는 행위다.

그러므로 어려운 문제에 봉착했을 때 '흠…' 하고 생각에 몰두하기보다는 가장 먼저 해야 할 일은 생각하기 위한 재료를 모으는 일이다. 예를 들어 자신의 꿈이나 취직을 위해 대학을 선택해야 할 때 성적 편차만을 고려하여 정한다면 '생각하는' 것은 불가능한 일이다.

'그 대학에는 어떤 교수가 있는가?'
'어떤 학부, 학과가 있으며 어떤 강의에 주력하고 있는가?'
'대학의 시설, 넓이, 건학 이념은 무엇인가?'
'부활동이나 서클은 어느 정도 충실한가?'
'졸업생은 어떤 분야에서 활약하고 있는가?'

이와 같은 느낌으로 많은 재료를 모아야 비로소 자신이 어느 대학에 진학하는 것이 좋은지 '생각'할 수 있다. 이것을 직소 퍼즐형 공부라고 한다면 처음부터 퍼즐 조각이 주어질 것이다. 또한 '관찰' 작업도 필요하지 않을 것이다. 하지만 실제 세상에서는 흩뿌려진 조각을 스스로 찾지 않으면 안 된다.

대학을 선택한다면 대학마다 주는 입학 안내서의 글이나 공식 사이트에 게재된 강의실이나 도서관의 사진, 재학생들의 게

완벽하지 않은 스무 살을 위한 진짜 공부

시판, 또는 직접 대학을 방문하여 학교와 학생들의 분위기를 느끼는 등 '주변 사람들이 신경 쓰지 않을지도 모르는 정보'를 얼마나 많이 확보할 것인가가 중요한 기준이 된다.

• 마음속에 '또 하나의 눈'을 가질 것 •

사람들이 상식이라고 여기는 것에도 '정말 그럴까?'라는 의문을 가져보자. 또는 자신이 도출한 생각에 대해서도 '이대로 좋은가?'라는 의문의 눈길을 던져보자. 나아가 상대의 입장에서 생각해보고, 제삼자의 입장에서도 생각해보고, 이성의 입장에서도 생각해보고, 어른이나 노인의 입장, 아이들의 입장, 외국인의 입장 등 다양한 입장에서도 생각해보라.

이것을 '크리티컬씽킹Critical Thinking'이라고 한다. 직역하면 비판적 사고지만, 영어의 'Critical'에는 '본질적인'이라는 의미도 포함되어 있으므로 나는 '복안사고複眼思考'라는 의미로 사용한다.

복안사고라는 것은 결국 '다양한 관점에서 사상을 보고 생각하는 것'을 의미한다. 텔레비전이나 신문에서 말하는 것을 받아들여 곧이곧대로 믿어서는 안 된다. 선거에 관련된 기사 하나라도 여러 신문을 비교해서 읽어보라. 저마다 보도의 관점이 다르다는 것을 알 수 있을 것이다. 하물며 인터넷에 있는 정보에 대해서는 말할 것도 없다. 세상에는 다양한 사고방식을 가진 사람들이 있고 속마음과 표현을 달리하는 사람들도 많다.

세상에 흘러다니는 정보를 그냥 받아들이는 것이 아니라 일단 멈춰 서서 '정말로 그럴까?'라고 의심해본다. 다른 각도로도 빛을 비춰보며 다각적으로 생각한다. 그렇게 함으로써 여러분은 많은 생각의 재료를 갖게 된다. 그것은 주변의 모두가 놓쳐버렸거나 취합하지 못한, 하지만 대단히 중요한 정보일지도 모른다. 사상을 다른 관점에서 바라보는 복안사고를 꼭 염두에 두기 바란다.

자신만의
'가설'을
이끌어내라

무언가를 생각할 때에는 '생각의 재료'가 필요하다. 그리고 '재료=정보'는 스스로 찾는 수밖에 없다. 꼿꼿하게 머리의 안테나를 펴고 손과 다리를 사용해서 주위의 모두가 놓치고 있는 미세한 정보에도 눈길을 주는 관찰력이 필요하다. 특히 상식을 다시금 의심해보고 자신의 생각을 의심할 정도의 '또 하나의 눈'을 가지는 것, 즉 '복안사고'가 중요하다.

여기까지의 이야기는 이해했으리라고 생각한다. 하지만 그렇게 모은 '재료=정보'는 널려 있는 레고 블록과 같이 아무런 모양도 아니다. 정보를 많이 가지고 있어도 그것을 사용하지 못하면 의미가 없다는 말이다.

• 가설을 만드는 방법 •

그렇다. 생각하는 것이다. 블록을 관찰하고 손에 들고 이것과 저것을 찬찬히 비교해보자. 머릿속을 좌우로 움직이면서 조합을 생각하자.

'이 블록을 조립하면 이런 모습이 되지 않을까?'라고 생각하며 설계도를 만들어가는 것이다. 물론 최종적인 '답'은 아니다. 우선은 설계도를 만든다. 여기서 만들어진 설계도를 '가설'이라고 한다.

이것은 대단히 중요한 포인트다. 정답이 없는 성숙사회에서 우리들이 도출하는 것은 어디까지나 '가설'에 지나지 않는다. 그 가설을 최종적인 납·득·해 단계로까지 다듬어가는 방법은 앞으로 천천히 배우게 될 것이다. 우선은 '관찰'에 따라 얻어진 재료를 가지고 하나의 가설을 세우는 방법을 몸에 익히도록 하자.

아이작 뉴턴 Isaac Newton 이 나뭇가지에서 떨어지는 사과를 보고 '만유인력의 법칙'을 생각해냈다는 이야기는 다들 알 것이다. 무언가 생각이 번뜩일 때, 가설을 세울 때 이런 식으로 갑자기 영감이 떠오르는 모습을 뉴턴의 이야기처럼 연상하는 사람이 많을 것이다. 마치 머리 위에 전구가 반짝이는 이미지를 그려 넣는 만화처럼.

하지만 가설이나 아이디어라는 것은 그저 우연에 의한 것이 아니다. 발명왕 토머스 에디슨Thomas Alva Edison조차도 백열전구를 발명하기까지 2,000종류의 필라멘트 소재를 테스트했다. 계속해서 이어지는 시행착오를 거듭한 결과 대나무가 필라멘트로서 최적이라는 사실을 밝혀낸 것이다. 그것이 성공하기까지 얼마나 어려웠는지에 대한 질문을 받았을 때 에디슨은 이렇게 대답했다.

"나는 2,000종류나 되는 재료로 실험을 계속하면서 매 순간 그렇게 해서는 안 된다는 것을 알았다. 이것은 2,000번의 실패가 아니라 2,000걸음의 성공에 가까운 것이다."

여러분에게 무엇이든 2,000번을 시도해보라는 이야기가 아니다. 하지만 이것도 아니고 저것도 아니라고 아무것도 시험해보지 않으면 '가설'을 세울 수 없다는 것을 이해하길 바란다.

시뮬레이션이란
무엇인가

그러면 '가설'을 세우기 위해서는 어떤 능력이 필요한가?

나는 이것을 '시뮬레이션 능력'이라고 부른다. 시뮬레이션 게임이라는 장르가 있을 정도로 많이 사용되는 단어다. 하지만 '시뮬레이션 한다'는 것이 어떤 의미인가 또는 어떤 작업인가에 대해 분명히 대답할 수 있는 사람은 많지 않을지도 모르겠다.

일본에는 '바람이 불면 통장수가 돈을 번다'라는 말이 있다. 에도시대에 탄생한 속담인데, 내용을 알고 보면 상당히 재미있는 속담이다.

강한 바람이 분다. 옛날 길은 아스팔트처럼 포장되어 있지 않기 때문에 상당히 강렬한 흙먼지가 일어난다. 흙먼지가 많은 사람들의 눈에 들어가서 눈병이 늘어난다. 안과도 발달하지 않은 시대였기 때문에 눈병이 원인이 되어 실명하는 사람들이 생긴다. 실명한 사람이 보이지 않아도 할 수 있는 일은 극히 제한적이기 때문에 샤미센三味線(일본의 전통악기)을 배운다. 샤미센이 많이 팔리니까 샤미센을 만들 때 사용하는 고양이 가죽이 부족해진다. 고양이가 줄어드니까 쥐가 늘어나고, 늘어난 쥐가 통을 갉아먹는다. 통을 수리하거나 새로 사거나 하는 사람들이 늘어나서 통장수가 돈을 번다.

'바람이 분다'는 아주 작은 일에서 시작하여 이런저런 이야기가 전개되고, 최종적으로는 '통장수가 돈을 번다'는 데에 이르게되는 이야기다. 물론 실제 현실에서는 이대로 진행되지 않겠지만 재미있지 않은가? 내가 말하는 시뮬레이션 능력이란 이런 것이다.

잠깐 생각해보자. 지금은 도로가 아스팔트로 포장되어 있으니 여러분이라면 어떤 이야기로 이어갈 수 있을까?

'바람이 불면 세탁물이 날아간다. 세탁물이 날아가면 옷이 더

러워진다. 한 번 더 세탁을 해야 하니 세제가 많이 필요하다. 그래서 세제 공장이 돈을 번다.'

나쁘지는 않지만 겨우 3단계 정도의 가설이다. 조금 더 생각해본다면 5단계나 10단계로 전개할 수 있을 것이다. 시뮬레이션한다는 것은 이렇게 자신이 가지고 있는 재료를 머릿속에서 굴려보며 거기에서 어떤 결과가 생길 것인가, 어떤 가설을 세울 수 있는가를 생각하는 작업이다.

뉴턴의 사과도 마찬가지다. 만약 그 이야기가 사실이라고 해도 사과를 보고 '인력이다!'라고 번뜩이는 생각을 했다기보다는 '사과가 떨어졌다'는 사실을 기초로 수십 단계의 생각을 거듭하고 많은 패턴을 검토한 결과로써 만유인력이라는 가설에 도달한 것이다.

물론 여기에 '정답'은 없다. 자유로운 발상으로 다섯 번, 열 번, 스무 번, 가능하면 백 번이라도 생각을 굴리고 굴려서 점점 더 크게 만들어나가도 좋다. 자신만의 '가설'을 도출하고 모두가 '응? 어디서 어떻게 그런 답이 나온 거야?'라고 놀랄 정도로 대담한 점프를 해보자.

정리하면 이렇다.

우선 '관찰'을 통해서 세상에서 '생각의 재료'를 모은다. 이를 위해서는 사상을 다각적으로 보는 '복안사고'를 가져야 한다. 그렇게 모아진 재료를 자세히 들여다보고 비교해본다. 머릿속에서 좌우로 굴려보면서 조합한다. '이렇게 하면 문제가 해결되겠지', '이렇게 해보면 잘 되지 않을까?'라는 자신만의 '가설'을 세운다. 이 관찰에서 가설 성립까지의 작업을 '시뮬레이션'이라고 한다.

흐름을 읽어라

●

●

●

이제 본격적으로 '세상 수업'에 들어가도록 하자. 이것은 시뮬레이션 능력을 기르기 위한 '햄버거가게를 만들자'라는 재미있는 수업이다. 이번 테마는 '만약 자신이 햄버거가게의 점장이 된다면?'이다. 단순히 가게를 운영하는 점장이 된다는 것이 아니라 사업자가 되어 새롭게 개업하는 것이다. 자, 이제부터 여러분은 학생, 취업준비생, 직장인이라는 신분을 내려놓고 창업을 준비하는 사람으로 변신하는 것이다. 그럼 먼저 가게를 오픈할 장소를 선정하는 것부터 생각해보자.

• 사람들의 흐름을 어떻게 읽을 것인가 •

사실 전혀 알지 못하는 마을의 지도를 보면서 '어디가 좋을까?'라는 문제로 가장 머리를 쓰게 되겠지만, 지금은 처음이니까 여러분이 살고 있는 동네를 대상으로 생각해보기로 하자. 여러분이 사는 동네 어디에 가게를 내는 것이 가장 좋을까?

단 두가지 조건이 있다.

'역 앞에 가게를 내는 것은 금지'
'쇼핑몰에 내는 것도 금지'

역이나 쇼핑몰이라면 많은 사람이 북적일 것이고, 인기 있는 점포가 될 것 같은 느낌이 든다. 하지만 거기에 점포를 낸다고 하면 '생각하는 것'의 트레이닝은 안 되기 때문에 역이나 쇼핑몰에는 이미 햄버거를 파는 다른 가게가 있다고 가정하고 시작하는 것이다.

'역이 안 된다면 어떻게 하면 좋을까?'
'고등학교나 대학이 가까운 곳이라면 학생들이 많이 찾지 않을까?'

'회사가 많은 곳이라면 회사원이 많으니 좋지 않을까?'

'유치원이나 학원이 가까운 곳이면 젊은 엄마들이 몰리지 않을까?'

아직은 뚜렷하지 않은 이미지에 지나지 않는 생각이다. '가설'이라고 부를 수 없는 수준이다.

아무 생각 없이 가게를 차리는 것이 아니라면 우선은 '돈이 되는 가게는 어떤 가게인가?'에 대해 생각해봐야 한다. 돈이 되는 가게란 아침이나 점심, 그리고 밤에도 손님들로 북적이는 가게다. 특정 시간에만 바쁜 가게가 아니라 하루 종일 바쁜 가게가 당연 맛있고 좋은 가게임은 말할 필요도 없다. 손님이 손님을 부른다고 소문난 가게들은 빈 자리를 찾기가 어려울 정도다. 이것을 비즈니스에서는 '가동률이 높다'고 한다.

사무실이 모여 있는 곳이라면 점심시간에 직장인들이 몰리겠지만 저녁에는 퇴근해서 주변이 텅텅 빌 수가 있다. 역 근처의 주택가라면 직장인이나 학생들이 다 도시 중심부에 있기 때문에 오지 않을 것이다. 이러한 고객의 '흐름'을 파악하게 되면 어디에 개업할 것인가를 판단할 수 있는 근거가 생긴다. 좀 더 정확한 '생각의 재료'만 있다면 말이다.

고객의 '흐름'을 알기 위해서는 어떤 재료가 필요할까? 우선 떠오르는 것은 여러분이 살고 있는 동네의 인구다. 자신이 살고 있는 곳의 인구는 어느 정도인지 알고 있는가? 인터넷에서 검색하면 간단히 나오는 데이터다. 하지만 인구를 조사하는 것만으로는 '관찰'이라고 할 수 없다. 아직은 생각하기 위한 재료가 많이 부족하다.

그래서 이번에는 '주간 인구'라는 것을 조사해보자. 예를 들면 일본 도쿄의 치요다千代田 구는 인구 5만 정도의 작은 지역이다. 도쿄에 있는 23개의 구 가운데 가장 인구가 적다. 근처 다른 도시만 해도 평균 70만 이상의 인구가 살고 있다.

하지만 치요다 구는 고쿄皇居(일본 천황과 가족들이 사는 궁)를 필두로 국회의사당이나 최고재판소, 총리 관저 등이 있는 일본의 중심가다. 오피스가도 유명하다. 실제 '치요다 구에 살고 있는 사람'은 5만 명 정도지만, 치요다 구에서 일하거나 통학·통근하는 이른바 '평일 5일 동안 치요다 구에 있는 사람'의 수는 80만 명을 넘어선다. 이것을 '주간 인구'라고 한다.

만약 이 사실을 모른다면 '치요다 구는 인구 5만으로 작은 곳이다. 장사를 하려면 다른 곳을 찾아보는 게 좋겠어'라고 간단하게 생각하고 말 것이다. 주간 인구로 말하자면 주변 도시들보다 압도적으로 유리함에도 불구하고 말이다.

여러분이 살고 있는 곳도 통상의 인구와 주간 인구에 차이가 있을 수 있다. 주택이 모여 있는 곳이라면 주간 인구가 줄어든다는 것은 충분히 생각할 수 있다. 이런 상세한 사람들의 흐름을 파악하기 위해서는 가장 가까운 역의 승객 수를 조사해보는 게 좋다. 인터넷상에서 승객 수를 알려주는 역도 있고, 역이나 철도 회사에 직접 전화를 해보면 알 수도 있다. 이외에도 사람의 통행량, 자동차의 통행량 등을 조사하는 것도 사람의 '흐름'을 파악하는 데 도움이 된다.

여기까지 조사했다 해도 아직 '관찰'의 입구에 서 있는 셈이다. 왜냐하면 가볍게 사람의 수를 조사한 것에 지나지 않기 때문이다. 예를 들어 도로나 보도의 폭, 신호나 횡단보도의 위치라거나 인근 편의시설이나 은행, 우체국, 경찰서 등 관공서가 있는가 하는 다양한 재료들을 수집해야 비로소 어떤 층의 고객이 몇 명 정도 올 것이라는 '가설'을 세울 수 있다.

이 이상의 힌트는 주지 않겠다. 물론 '정답'도 알려주지 않을 뿐 아니라, 사실 정답이 없기도 하다. 이처럼 '세상 수업'은 정답이 있거나 정답을 맞춰보는 일이 없이 마무리된다. 이제부터 여러분의 손과 머리로 마음껏 생각하고, 의심하고, 고민해보는 것이다.

완벽하지 않은 스무 살을 위한 진짜 공부

자기가 사는 동네에 햄버거가게를 낸다면 어디로 정할 것인가? 그리고 그 장소를 선정한 이유는 무엇인가? 가능한 복수의 이유를 댈 수 있도록 생각해보길 바란다. 이것이 '관찰'에서 '가설'에 이르는 시뮬레이션의 첫걸음이다.

숫자를
파악하라

●

●

●

　햄버거가게를 개업할 장소를 결정하고 인구의 흐름에 관한 '가설'도 세웠다. 다음으로 생각할 것은 '구체적으로 어느 정도를 벌 수 있는가?' 하는 것이다. 만약 위치가 좋은 곳에 햄버거가게를 냈다고 하더라도 하루에 얼마를 벌 것인가? 매출액 가운데 실제 이익은 얼마나 되는가를 파악하지 못하면 나가는 비용이 더 많이 발생할지도 모른다. 매출이 곧 수익은 아니다. 햄버거가게의 하루 매출을 어떻게 예상할 수 있을지 한번 생각해 보자.

• 어떻게 하루의 매출을 예상할 것인가 •

첫 번째로 '몇 명 정도의 고객이 올 것인가'를 예상한다. 고객이 많으면 많을수록 매출은 늘어난다. 두 번째는 '고객 1인당 얼마의 돈을 쓸 것인가'를 예상하는 것이다. 100명의 손님이 온다고 가정하고 한 사람이 1,000원씩만 쓴다면 매출은 10만 원. 또 고급 일식집이라 손님은 겨우 20명에 지나지 않지만 한 사람당 10만 원을 쓴다면 매출은 200만 원이 된다.

여기서 '1인당 얼마의 돈을 쓸 것인가?'라는 것을 경제용어로 '객단가customer transaction, 客單價'라고 한다. 즉 1인당 평균 매입액을 의미한다. 그러면 햄버거가게의 객단가는 어느 정도일까? 1,000원에 음료만 사는 사람이 있는가 하면, 1만 원, 2만 원을 써 가며 가족을 위해 포장까지 해가는 사람도 있을 것이다. 여기에서는 평균 객단가를 5,000원이라고 해보자. 햄버거와 감자튀김, 음료수가 포함된 세트가 대개 이 정도의 가격이다.

그다음은 매장을 방문할 손님의 수를 예상해본다. 앞에서 배웠던 지역 인구나 주간 인구, 가장 가까운 역의 평균 승객 수 등을 조사한다. 예를 들어 가게 앞의 통행량이 하루에 2만 명이라고 한다면 통근이나 통학으로 단지 지나가는 사람, 쇼핑을 위해 상점가를 방문하는 사람, 귀가하기 위해 지나가는 사람 등 다양한 사람들이 있다.

그 2만 명 가운데 몇 퍼센트의 사람들이 여러분의 가게에 들어올까? 50퍼센트? 아무래도 그건 무리일 것이다. 50퍼센트면 절반인데, 건강을 위해 햄버거를 안 먹는다는 사람도 있고 그냥 싫어하는 사람도 있을 테니까.

그럼 30퍼센트 정도로 잡을까? 아마 그것도 무리일 것이다. 그렇다면 사람들이 아침, 점심, 저녁에 가게 앞을 지나가다가 한 번은 가게에 들어온다는 계산이 되니까. 결국 하루에 한 번은 햄버거를 먹는다는 것은 아무리 햄버거를 좋아하는 사람이라도 현실적으로 힘든 일이다.

그러면 10퍼센트? 아니면 5퍼센트? 아기에서부터 할아버지, 할머니까지 생각하고 계산한다고 해도 그 사람들이 특정 행동을 할 (여기서는 햄버거가게에 들어올) 확률은 단 1~2퍼센트에 지나지 않는다. 확률로는 상당히 적은 숫자다. 하지만 2만 명 가운데 2퍼센트면 400명이 된다. 그리고 객단가가 5,000원이라고 했으니 하루 매출은 400명×5,000원이므로 200만 원이 된다. 한 달이라면 6,000만 원, 1년에 무려 7억 원 이상이 된다. 이렇게 생각하면 상당한 금액이 되지 않겠는가?

이 부분이 재밌는데 햄버거의 가격을 만 원으로 정한다면 확실히 객단가는 올라간다. 하지만 그렇게 가격이 비싼 가게라면 고객의 수는 줄어들 것이다. 가격을 어느 정도로 설정하는가는 매출을 시뮬레이션하는 데 대단히 중요한 테마다.

다만 여기서 '좋아, 여기에 5,000원짜리 햄버거가게를 내면 연간 7억 원의 수입이 생기겠구나!' 하고 생각하기에는 아직 이르다.

가게를 운영하기 위해서는 종업원이나 아르바이트생에게 급여를 지급하지 않으면 안 되고, 임대료나 전기요금, 수도요금 등 관리비가 필요하다. 물론 햄버거와 기타 음식을 만들 때 필요한 재료비도 있다. 이러한 모든 '지출되는 돈'을 '코스트cost'라고 한다. 그리고 매출(들어오는 돈)에서 코스트(나가는 돈)를 뺀 나머지가 '이익'이 된다.

그러면 1,000원짜리 햄버거가 있을 때 비용 내역, 원가 구성은 어떻게 되는가를 따져보자. 대부분 이런 식이다.

- 재료비 : 빵, 고기, 양상추 등 햄버거와 기타 음식의 재료
- 인건비 : 종업원이나 아르바이트생의 급여
- 임대료 : 가게의 임대료

- 광열비 : 전기요금, 수도요금, 가스비 등
- 광고비 : 전단지, 인터넷 마케팅비 등
- 기타 : 비품이나 청소용품, 세탁비 등

1,000원짜리 햄버거에서 원재료비가 800원이나 900원이 되면 아무래도 가게를 운영하기 어렵다. 여러분이 먹는 햄버거, 입고 있는 옷, 가방, 신발, 심지어 볼펜 같은 값싼 제품에도 임대료나 인건비가 포함되어 팔린다. 그렇다면 1,000원의 햄버거 가격 가운데 임대료나 인건비 등을 각각 어느 정도 지출하고 있는가? 이것도 일반적인 숫자를 통해 살펴보자.

- 재료비 : 35퍼센트(350원)
- 인건비 : 25퍼센트(250원)
- 임대료 : 10퍼센트(100원)
- 광열비 : 5퍼센트(50원)
- 광고비 : 5퍼센트(50원)
- 기타 : 10퍼센트(100원)

1,000원짜리 햄버거는 약 350원 정도의 재료비로 만들어진

다. 이것을 '그렇게 싸다고? 속았다!'고 생각하면 안 된다. 청결한 가게에서 직원을 고용하고 제대로 된 햄버거를 제공하려고 하면 재료비 이외에도 많은 비용이 들어가니까.

그래서 이 모든 비용을 뺀 나머지 10퍼센트, 즉 100원 정도가 가게의 '이익'이 된다. 그러므로 연간 7억 원의 매출이 있다고 해도 이익으로 평가할 수 있는 것은 7,000만 원 정도다. 여기까지가 끝인 것 같지만 마지막 또 하나의 시뮬레이션이 남아 있다.

비상사태에
대비하라

●

●

●

경기 불황으로 가게 전체의 매출이 줄어들었다고 하자. 그러면 손님이 줄어들고 객단가도 낮아질 것이다. 이때 여러분이 점장이라면 어떻게 이익을 확보할 것인가?

매출이 줄어들었다면 먼저 그만큼 지출 비용을 낮춰야겠다고 생각할 것이다. 예를 들면 재료비에서 비싼 국내산 소고기를 사용하지 않고 비교적 가격이 저렴한 호주산이나 미국산을 쓴다. 밀가루나 감자도 미국에서 수입한 것을 사용한다. 또는 다른 기본적인 재료나 기초적인 밑처리를 상대적으로 인건비가 저렴한

완벽하지 않은 스무 살을 위한 진짜 공부

아시아 국가에 맡긴다. 중국이나 동남아시아에는 낮은 시급으로 해줄 수 있는 곳이 많다.

이런 식으로 현재 전 세계의 기업들은 아시아에 공장을 만들고 현지인에게 생산을 맡기고 있다. 여러분이 입고 있는 옷과 구두, 컴퓨터나 스마트폰 등도 대개가 '메이드 인 차이나' 또는 '메이드 인 인도네시아'인 경우가 대부분이다. 물론 이런 이유로 아시아 국가에 공장이 생기는 것은 그 나라의 고용 창출이나 경제 발전에 이바지하기 때문에 서로 메리트가 있다고 할 수 있다.

앞으로는 '이 상품은 어디에서 만든 것이지? 그건 왜 그럴까?'라는 상상을 하면서 생활해보라. 단순한 햄버거 하나를 통해서도 '세계'를 들여다볼 수 있다. 하나의 상품으로 '세계'를 읽는다. 그러면 세계는 이미 여러분 손 안에 들어와 있게 된다.

2교시

모두의 힘을 빌려라

: 커뮤니케이션

一校時

커닝이 필요한
시대?

사물이나 현상을 철저히 '관찰'해서 자기 나름의 '가설'을 세워야 한다. 다만 멍하니 생각하는 것이 아니라 생각하기 위한 재료를 모아서 시뮬레이션을 한다. 그 과정을 어느 정도 연습해보면 여러분도 생각하는 습관이 몸에 익을 것이다.

이어서 다음 단계는 기존 공부와는 다른, 답을 혼자서 도출해내지 않는다. 예를 들어 수학 시험을 보면서 친구에게 물어보거나, 푸는 방법을 배우거나, 힌트를 얻으려고 한다면 '커닝하지마!'라고 바로 문책받을 것이다. 물론 시험뿐만 아니라 수업이나 회의 중에도 사담은 금지지만.

그런 탓인지 모두들 '문제는 혼자서 해결하지 않으면 안 된다', '누군가와 상담을 나누면 안 된다'라는 생각에 젖어 있는 것이 아닌가 싶다. 하지만 여러분이 꼭 알아두었으면 하는 것이 있다. 그것은 실제 사회에서 '혼자 할 수 있는 일이란 아무것도 없다'는 것이다.

게다가 주변에 상의하는 것은 창피한 일도 아니고 뻔뻔스러운 것도 아니다. 물론 답만을 훔쳐보려는 커닝은 좋지 않다. 그렇지만 누군가에게 묻는 것, 상담하는 것, 의견을 교환하는 것, 이것은 이른바 커닝과는 완전히 다른, 오히려 어떤 문제를 해결해나가는 데 매우 중요한 과정이다.

텔레비전이나 신문을 보고 있으면 자주 벤처기업가라고 불리는 사람들이 나온다. 젊은 나이에 자신의 회사를 세웠다든가, 업계의 상식을 깨는 도전가라든가, 최근에는 대학생이나 중고생이 창업을 했다는 일도 드물지 않다. 모두 활기가 넘치고 똑똑하고, 행동력이나 결단력을 겸비한 작은 영웅같이 비쳐진다.

하지만 여기서 한 번 생각해보자. 어떻게 그들은 '회사'를 만들었을까? 혼자서 하면 좀 더 자유롭게 할 수 있을 텐데, 왜 굳이 '회사'를 만든 것일까?

이것이 포인트다. 우수한 경영자들은 모두가 알고 있다. '혼자서는 아무것도 할 수 없다'는 사실을 말이다. 그렇기 때문에 회사라는 팀을 만들거나 주변의 이런저런 도움을 받거나 빌리면서 자신의 꿈을 향해 계속 나아간다. 그러기 위해서 회사를 만드는 것이다.

이제부터 여러분은 주변의 힘을 빌리는 '커뮤니케이션' 수업을 하게 된다. 1교시에 세운 자기 나름의 '가설'이 어느 정도 타당한 것인가, 많은 사람들의 의견을 들으면서 자신의 생각을 확인하고, 경우에 따라서는 진솔하게 수정해야 한다. 주위의 의견을 들음으로써 '가설'을 보다 강고한 것으로 다듬는 것이다. 그런 목적을 위한 수업이라고 생각해주면 좋겠다.

왜 '세 사람이 모이면
문수의 지혜'가 나오는가

일본에는 '세 사람이 모이면 문수文殊의 지혜가 나온다'라는 속담이 있다. 어떤 평범한 사람이라도 세 명이 모여서 상의하면 멋진 지혜를 낼 수 있다는 의미다. '문수'란 불교에서 지혜를 맡은 보살을 의미하는 말로 '문수보살'이라고도 한다.

여럿이 모여 상의하면 멋진 답이 나온다는 말을 뒤집어 생각해보면 '한 사람이 생각해서는 제대로 된 답이 나오지 않는다'는 의미가 되기도 한다. 정말 그럴까?

만화가를 예로 들어보자. 재미있는 이야기를 만들고 그것을 매력 넘치는 그림으로 표현하는 만화가들은 자신의 노력이 뒷받침돼야 하는 특수기능을 가진 자들이다. 그러나 그들도 절대로 '자기 혼자' 일을 진행하지 않는다. 반드시 '편집자'라는 파트너를 두고 작품을 만든다. 편집자는 만화가가 작품에서 놓친 잘못된 점을 지적해주기도 하고, 수정하면 좀 더 재미있을 것 같은 포인트를 제삼자의 입장에서 조언하고 조율해주는 파트너다.

아무래도 혼자 작업하는 경우에는 유연한 사고에 제약이 있을 수 있다. 자기 생각에 빠진다거나 시야가 좁아질 수 있고, 또 전과 같은 패턴의 이야기가 반복되거나 설정에 모순이 생길 수도 있다. 그래서 그 어떤 일류 만화가도 '또 하나의 눈'인 편집자에게 의견을 구하고 함께 작품을 만들어간다. 이것은 1교시에서 이야기한 '복안사고(크리티컬씽킹)'와도 연결되는 이야기다.

이제부터 여러분은 '누군가와 함께 생각하는' 과정을 통해 생각한다는 것의 의미와 절차, 그리고 방법을 배우게 될 것이다. 여러분은 '모두가 함께 생각한다'는 경험을 해본 적이 있는가? 회의나 토론 자리에서 주저하면서 아무도 이야기하려고 하지 않거나 미리 외워온 듯한 모범 해답만 넘쳐난다면 거기서 여러분이 배울 것이라고는 아무것도 없다.

아이디어를 뒤섞는 브레인스토밍

다른 사람을 의식해서 말을 아끼거나 튀지 않으려고 아무 말도 하지 않는 사람들. 이것은 회사나 학교 등 우리 주위에서 자주 보는 광경이다. 원래 회의會議는 글자 그대로 '모여서 의논하는' 것이 목적인데도 의논은 전혀 이루어지지 않고 단순한 보고회로 끝나버릴 때가 많다.

'잘못 말하면 웃음거리가 될지도 몰라.'
'이런 의견을 내면 바보 취급을 당할지도 몰라.'

완벽하지 않은 스무 살을 위한 진짜 공부

'버릇없는 놈이라고 찍힐지도 몰라.'

'폼이나 잡는다고 욕할지도 몰라.'

이와 같은 감정이 가로막아서 아무것도 말할 수 없게 된다. 어떻게 하면 보다 실속 있는 회의를 할 수 있을까? 많은 기업이나 학교에서 '브레인스토밍Brain Storming'이라는 자유로운 토론을 한다. 브레인스토밍이란 직역하면 '두뇌 폭풍'이다. 참가자의 머리를 폭풍과 같이 회전시켜 창조적인 아이디어를 끌어내는 회의 형식이다.

브레인스토밍에는 몇 가지 룰이 있는데, 그중 '세상 수업'에서 중요하게 여기는 두 가지의 룰을 소개한다.

첫째, 정답을 추구하지 않는다

브레인스토밍은 정답이나 결론을 내는 자리가 아니라 아이디어를 내는 자리다. 그러므로 일부러 결론을 구하거나 급하게 마무리 지으려 하지 않고, 좋다거나 나쁘다는 판단 없이 정말 자유롭게, 단순하게 말하면 마구잡이로 아이디어를 낸다.

예를 들어 새로 기획한 상품을 어떻게 팔 것인가 하는 마케팅 회의를 한다고 하자. 여기서 '정답'을 얻으려고 하면 재미없는 의견만 나온다. 모처럼의 재미있는 아이디어도 '그런 건 예산이 모자라서 사장님이 싫어할 거야', '그렇게 해서 얼마나 효과가 나겠어?'라는 식으로 부정되고, 결국 그동안 했던 정해진 방법의 의견만이 남는다.

그래서 브레인스토밍에서는 강력한 규칙으로 '정답'이나 '결론' 내리기를 금지한다. 결론을 내는 것은 다음 미팅 때 해도 충분하다.

그러나 이것은 말로 하면 아무것도 아닌 것 같지만 해보면 의외로 어렵다. 내가 '정답주의'라고 부르는, 하나의 정답에 이르는 것을 목적으로 하는 교육이 이미 몸에 배어 있기 때문이다. 대부분 12년 이상을 정답을 배우고 외우는 공부를 했는데 어떻게 습관이 되지 않겠는가.

성장사회에서는 정답주의가 통했지만 성숙사회에 필요한 것은 자신의 답을 유연하게 변화시키면서 나아가는 '수정주의'다. 뼈 속까지 배어 있는 정답주의의 습관을 버리기 위해서라도 브레인스토밍을 활용하도록 하자.

둘째, 타인의 의견을 부정하지 않는다

다른 모두가 어떤 아이디어를 내더라도 절대로 부정하지 않는다. 재미없는 것, 뜬금없는 것, 실현될 수 없는 것… 그 어떤 것이든지 부정하지 않고 오히려 '그거 좋은데!', '재미있는데!'라고 흥을 돋운다.

우리가 회의나 그룹 과제에서 발언을 하지 않는 것은 부정을 당한 경험과 공포가 있기 때문이다. '부정당하는 것이 두렵다', '웃음거리가 되는 것이 싫다', '재미없는 녀석이라고 생각되는 것은 피하고 싶다' 등이 발언과 발상의 자유를 막기 때문이다. 따라서 어떤 의견에도 '부정해서는 안 된다'는 룰을 만들어두는 것이 중요하다. 그렇게 하면 서로의 발언이 자극제가 되어 보다 재미있는 아이디어를 도출하게 된다.

이것은 인간관계를 이루어나가는 데도 중요하다. 사람은 의외로 '무엇을 말했는가'보다는 '누가 말했는가'에 주목하는 경향이 있다. 결국 좋아하거나 권력이 있는 사람의 의견에는 비록 그것이 평범한 의견이라도 납득을 하거나 적어도 납득하려는 경향을 보인다. 반면에 싫어하는 사람의 의견은 반발하고 싶어진다. '네 얘기 따위는 듣지 않을 거야!'라고 생각하는 것이다.

하지만 브레인스토밍의 자리에서는 누구의 의견이라도 부정해서는 안 된다. 좋아하는 사람의 의견이나 싫어하는 사람의 의견이나 모두 같다. 부정하지 않고 또 부정적인 눈으로 보지 않고 모두 받아들이는 것이 중요하다. 그런 과정을 연습하다 보면 의견을 내놓는 것이나 다른 사람들의 의견을 편견 없이 받아들이고 이해할 수 있게 되기 때문이다.

이 두 가지 룰을 가지고 새 상품의 프로모션을 준비한다면 어떻게 될까? 분명 자유롭게 이야기하게 되고 고객을 즐겁고 유익하게 할 재미있는 아이디어를 내기 쉽다. 게다가 그렇게 해서 나온 많은 아이디어를 바탕으로 좀 더 재미있는 아이디어가 나올지도 모른다. 정말로 두뇌가 폭풍처럼 돌아가는 스토밍 시간이 될 수 있다.

여러분도 꼭 이 브레인스토밍이라는 커뮤니케이션을 자주 시도해보라. 소극적인 성격도 조금씩 변화될 것이다.

문제점을 도출하는
디베이트

브레인스토밍에서 철저히 시행해야 하는 것 중 '타인의 의견을 부정하지 않는다'는 룰을 설명했다. 누가 말하는 어떤 내용이라도 절대로 부정하지 않고, 오히려 적극적으로 칭찬하고, 다음 아이디어를 장려한다. 만약 이와는 반대로 '타인의 의견을 부정한다', '어떤 재미있는 의견이라도 반드시 부정한다'는 커뮤니케이션이 있다면 어떻게 될까? 아마 인간관계가 엉망이 될 것이다.

하지만 이것도 실제로 있는 방법이다. '디베이트debate'라고 해서 일본에서는 만 엔짜리 지폐에 실려 있는 후쿠자와 유키치福沢諭吉(일본 근대화를 이끈 계몽가이자 교육가－옮긴이)가 '토론'이라고 번역한 단어다. 알기 쉽게 '타인의 의견을 부정한다'고 했지만, 이것은 오역을 부르는 표현일 수도 있다. 디베이트의 흐름을 간단히 설명하면 이런 것이다.

- 의제를 설정한다(예를 들어 '남학교, 여학교는 공학으로 해야 하는가' 등).
- 찬성파와 반대파를 나눈다(자신의 의사와 상관없이 두 개의 파로 분류).
- 각각의 입장에서 자신의 찬성, 반대의 이유를 설명한다.
- 제삼자가 어떤 주장에 타당성이 있는지를 판정한다.

재미있는 것은 자신의 개인적인 의견과는 관계없이 찬성파와 반대파를 나누는 것이다. 개인적으로는 찬성파인데도 반대파로 편성되었다면 '남학교와 여학교를 남겨야 하는 이유'나 '공학이 좋지 않은 이유'를 생각해서 '찬성파'와 대결을 벌인다. 상대가 공학의 장점에 대해 설명하면 거기에 반론을 제기한다.

이것도 1교시에서 이야기한 '또 하나의 눈'인 복안사고와 관

완벽하지 않은 스무 살을 위한 진짜 공부

런된 생각이다. 자신이 찬성파, 반대파의 입장에서 생각하지 않으면 안 되고, 서로의 의견에 귀를 기울임으로써 '그러한 견해나 사고방식도 있구나!'라는 깨달음을 가질 수 있다. 또 반론을 통해 여러 가지 문제점이 드러나게 된다.

디베이트 대회(토론대회)에서는 최종적으로 어떤 의견이 설득력이 있는지를 제삼자(심판)가 판정하지만, 이 '세상 수업'에서는 판정을 하지 않는다. 승부를 다투기 위해 하는 것이 목적이 아니기 때문이다. 영화나 텔레비전 드라마의 재판 장면을 떠올려보면 디베이트를 쉽게 이해할 수 있다.

실력 좋은 검사와 변호사가 각각의 입장에서 자신의 주장을 펼치는 법정 배틀을 보라. 어떻게 그런 결론에 도달했는가를 서서히 밝혀가는 스릴이 있다. 상대의 모순점을 파고들어 한번에 전세 역전을 하는, 마치 오델로가 뒤집어질 때와 같은 쾌감도 있다. 실제로 그렇게 다이내믹한 배틀을 전개하는 것은 어려울지도 모르지만 디베이트를 이미지로 상상하면 그런 장면을 그릴 수 있다.

아마도 여러분은 지금 '그렇게 하면 제대로 논의되지 않고 싸움이 될 것 같은데'라고 생각할지도 모른다. 분명 그럴 것이다. 익숙하지 않은 사람이 어설프게 디베이트의 흉내를 내면 언젠

가부터 싸움이 되기 쉽다.

그래서 디베이트에서 중요한 룰을 기억해두어야 한다. 그것은 '인신공격을 하지 않는다'는 것이다. 말하자면 상대방에게 반론을 할 경우 '바보'라든가, '멍청이'라든가 하는 상대를 비하하는 단어는 절대로 사용하지 않는다. '시끄럽다', '닥쳐라'라는 말도 안 되고, '못난이', '돼지'와 같은 신체적 특징을 공격해서도 안 된다. 논의가 과열되더라도 이것만은 지키도록 해야 한다. 게임이라는 것은 모두가 룰을 지킴으로써 비로소 성립된다.

아무리 분위기가 과열되고 시합에 지고 있는 상황이어도 공을 손으로 잡고 달리는 축구선수는 없는 것처럼 말이다. 우리는 언어 배틀에 익숙하지 않기 때문에 '인신공격은 하지 않는다'는 룰을 반드시 지켜야 한다. 룰을 지키지 않는 게임은 아이들의 싸움과 다를 바 없다.

성격과
커뮤니케이션 능력은
상관없다

기업이 인재를 채용할 때에 무엇을 중시하는가라는 설문조사를 했을 때 11년 연속으로 '커뮤니케이션 능력'이 1위를 차지했다(일본 경제단체연합회 신입 채용에 관한 설문조사). 왜 기업은 젊은 이들에게 커뮤니케이션 능력을 요구하는 것일까?

그것은 세상에 더 이상 '정답'이 없기 때문이다. 그래서 재빨리 정답을 찾아내는 '정보처리능력'보다도 자기 나름의 '납·득·해'를 도출해내는 '정보편집능력'이 요구되는 것이다.

그리고 납·득·해는 다른 사람과의 커뮤니케이션 속에서 길러

진다. 듣는 힘도 필요하고 대답하는 힘도 필요하다. 주변 의견을 받아들이면서 자신의 '답'을 수정하는 유연성도 중요하다.

그러한 커뮤니케이션 능력은 훈련하기에 따라 얼마든지 몸에 익힐 수 있다. 자주 '외향적'이라든가 '내성적'이라든가 또는 '밝다'든가 '어둡다'든가 하는 성격 문제로 돌리는 경향이 많지만, 사실 성격과는 아무런 관계가 없다. 모두가 좋아하는 생기발랄한 연예인이라도 사적인 자리에서는 말 한마디 안 하는 사람도 있다.

여기서 소개한 브레인스토밍과 디베이트는 커뮤니케이션 능력을 단련하기 위한 극히 단순한 방법이다. 납·득·해를 도출하기 위해서도, 그리고 세상을 살아나가게 하는 커뮤니케이션 능력을 몸에 익히기 위해서도 꼭 이 점을 기억하기 바란다.

완벽하지 않은 스무 살을 위한 진짜 공부

부가가치를
창출하자

'부가가치'는 '새로운 가치를 추가한다'는 말이다. 예를 들어 요즘 거리에서 하이브리드 자동차를 많이 볼 수 있다. 하이브리드는 두 가지 기능이나 역할이 하나로 합쳐진 것을 말한다. 이것은 자동차라는 탈 것에 '에코로지'라는 새로운 '가치'가 추가된 상품이다. 기본 가솔린 차량에 비해 연비가 더 좋을 뿐 아니라 배기가스 배출량도 월등히 낮아서 많은 사랑을 받았다. 그 새로운 '가치'는 다른 자동차에는 없는 것이었으니까.

다른 예로 마사지 의자를 보자. 마사지 의자는 기원전부터 있었던 의자라는 가구에 '마사지를 해준다'는 새로운 '가치'가 접목된 상품이다. 덕분에 소비자들은 의자의 몇 십 배가 넘는 큰돈을 주고 구매한다. 또 다른 예로, 요즘 볼펜에는 손으로 잡는 부분에 미끄럼 방지 고무가 껴 있다. 이것도 과거의 볼펜에는 없었던 '미끄러지지 않고 쥐기 편해 글을 잘 쓸 수 있는' 부가가치를 창출하는 셈이다.

이번 수업에서 연습할 것은 이 부가가치를 낳는 작업이다. 우선 앞에서 고무라는 키워드가 나왔으니까 고무에 대해 생각해보기로 하자. 여러분은 고무를 사용한 제품이라고 하면 무엇이 떠오르는가?

고무줄과 머리를 정리하는 헤어밴드, 팬티 고무줄, 고무장갑, 의료용 장갑, 구두 바닥의 고무, 그리고 앞에서 나왔던 볼펜의 미끄럼 방지 고무… 이 다섯 가지 이외의 것을 생각해보라. 고무라는 말을 듣고 고무줄을 떠올리는 것은 생각한다고 할 수 없다. 이것은 패턴인식이라고 해서 '정보처리능력' 측면에서 반사적으로 나왔을 뿐이다.

이런 식으로 '세상 수업'에서 고무 제품에 관한 질문을 해보면 가장 많이 나오는 대답이 '타이어'다. 그만큼 일반적인 제품이라는 의미다. 그래서 이번에는 '타이어에 부가가치를 붙이려면 어떻게 하면 좋은가?'를 생각해보자. 좀 더 단순하게 '이제까지 없던 타이어는 과연 어떤 타이어일까?' 또는 '30년 뒤에는 어떤 타이어가 나올까?'를 생각해도 괜찮다.

여기에서 반드시 지켜야 하는 하나의 조건이 있다. 혼자 생각하지 말고 모두와 함께 브레인스토밍을 하는 것이다. 지금까지는 없었던 참신하고 혁신적인 타이어를 생각한다. 거기에는 당연히 획기적인 아이디어가 필요하다. 획기적인 아이디어란 그렇게 간단히 얻어질 수 있는 것이 아니기 때문에 우선은 모두 함께 아이디어를 끄집어내는 브레인스토밍을 해보는 것이다.

지금 이 책을 혼자 읽고 있는 여러분도 다섯 가지 정도의 아이디어를 내보라. 그리고 가능하면 내일이라도 친구나 동료들과 생각을 공유하고 토론해보길 바란다.

'공 모양의 동그란 타이어를 만든다'는 아이디어는 어떨까? 이제까지 타이어는 모두 도넛 모양을 한 것들이다. 하지만 공 모양의 타이어를 잘 만든다면 보기에도 재미있고, 옆으로나 경사면을 달리는 것도 불가능하지는 않을 것 같다는 느낌이 든다.

다만 공 모양으로 하면 도로와의 접촉면이 '점'이 돼버린다. 지금의 타이어는 '선'으로 도로와 접지를 하고 있다. 그 덕분에 액셀이나 브레이크가 잘 든다. 이렇게 지금의 타이어 모양에도 분명한 이유가 있다. 물론 공 모양의 타이어라는 아이디어 자체는 재미있다.

그럼 '컬러를 입힌 타이어를 만든다'는 아이디어는 어떨까? 이것도 실현되면 거리 풍경이 확 바뀔 것이다. 지금의 타이어는 전부 검은색인데 왠지 모르게 칙칙하다. 색을 입힌 예쁜 타이어는 멋진 아이디어다. 그러면 현재의 타이어가 왜 검은색인지를 설명해보자. 오물이나 더러움이 보이지 않게 하려고? 낡은 고무를 재사용해서 그런 색이 된 걸까?

타이어의 고무에는 '카본블랙'이라는 흑색의 미세한 탄소가루가 섞여 있다. 이것을 섞어주면 고무의 강도가 비약적으로 향상된다. 오래된 고무줄을 좌우로 늘려보면 금방 뚝뚝 끊어지는 것을 볼 수 있다. 하물며 타이어는 인간의 생명과 관계되는 부품이다. 따라서 고무가 탄력을 잃어 사고가 일어나는 것은 안 될 일이다. 그래서 타이어는 탄소 가루를 섞어 강도를 올린다. 덕분에 칙칙하고 재미없는 검은색이 되었지만, 외모보다는 안전제일이지 않은가. 물론 타이어의 기능보다도 패션에 주목한 것은 대단히 좋은 발상이라고 생각한다. 패션 감각이라는 것도 훌륭한 부가가치니까.

이러한 유연한 발상이 필요하다. 아이디어를 낼 때의 포인트는 상식을 의심하는 것이다. 우리가 무심히 지나치는 보통의 상식 앞에 멈춰 서서 일부러 의심의 잣대를 들이대어보자. 좋은 아이디어란 그런 '능숙한 의심'에서 나오는 것이다. 부가가치를 낳기 위한 브레인스토밍, 타이어 외에도 많은 것을 생각해보자.

디베이트
훈련 수업

알다시피 나는 40대 후반부터 중학교 교장으로 일했다. 젊은 시절에는 내가 중학교 교장이 될 것이라고는 꿈에도 생각하지 못했다. 그러니 여러분도 '만약 내가 교장이 된다면?'이라는 전제로 생각을 한 번 해보기 바란다.

인생에 무슨 일이 생길지는 아무도 모른다. 이 책을 읽는 여러분 중 정말로 교장이 되는 사람도 나올 수 있으니까. 교장이 된 여러분은 결정해야 할 많은 문제 앞에 놓일 것이다. 그중 하나를 말하면, '학교의 교복을 어떻게 할 것인가?'라는 문제와 맞닥뜨

완벽하지 않은 스무 살을 위한 진짜 공부

릴지도 모른다.

역시 교복은 있는 편이 나은가? 아니면 교복을 없애고 사복을 입도록 하는 것이 좋은가? 이것이야말로 어느 것이 정답이라고 정할 수 있는 문제가 아니고 개인적인 취향의 문제일 수 있다. 교복이라면 왠지 고리타분하고 옛날식이라고 생각하는 사람도 있을 것이고, '저 고등학교 교복은 정말 멋져. 꼭 저 교복을 입고 싶어'라는 이유로 지망학교를 결정하는 학생도 있을 것이다.

자신의 학창 시절로 돌아가 학생들에게 교복을 입히는 것이 좋을지, 사복을 입게 하는 것이 좋을지를 디베이트 해보자. 여기서 나아가 회사에서 깔끔하게 정장을 입어야 할지, 자유로운 분위기를 위해 캐주얼을 허용할지도 생각해볼 수 있다.

이 수업은 디베이트 훈련이므로 자신이 교복파인지 사복파인지를 쉽게 결정하고 좋고 싫음의 감정으로 임하면 안 된다. 자신이 그쪽을 선택한 이유를 논리적이면서 누구나 알 수 있는 언어로 설명하지 않으면 안 된다. 그리고 디베이트의 룰을 기억하며 감정적인 언어가 아니라 논리적인 언어로 말해야 한다.

그러면 여기서 교복파와 사복파 각각의 주장을 들어보기로 하자. 먼저 교복파 주장부터 들어보자.

"사복이라면 돈이 있는 가정과 그렇지 못한 가정의 차이가 확연히 드러나서 따돌림이나 차별의 원인이 됩니다. 그래서 모두 똑같은 교복을 입는 것이 좋다고 생각합니다."

확실히 사복이라면 가정의 금전적 상황이 드러날 수 있어서 바람직하지 않다고 생각하는 사람도 있을 수 있다. 특히 공립학 교라면 여러 가정의 환경을 가진 아이들이 모이니까 생각해봐 야 할 부분이다. 이외에도 '교복이 있기 때문에 재학생과 졸업생 간에 인연의 끈이 생긴다고 생각한다'든지 '교복은 유행과 상관 없으니까 계절마다 옷을 살 필요가 없어서 좋다. 사복은 귀찮다' 는 재미있는 의견도 나올 수 있다.

그럼 이번에는 사복파의 이야기를 들어보자.

"교복은 언제나 정갈해야 한다는 방침 때문에 추운 겨울에도 교복 위에 외투를 껴입기 힘들어 감기에 걸리는 학생이 많습니 다. 사복이라면 자신에게 맞는 온도 관리가 가능하므로 사복이 더 좋다고 생각합니다."

"외국 드라마를 보면 모두 사복을 입습니다. 교복은 아무래도 시대에 뒤떨어진다는 생각이 듭니다."

"자신이 좋아하는 옷을 입는 것은 자신을 표현하는 것입니다. 모두 같은 옷을 입으면 개성을 기를 수 없다는 느낌이 듭니다."

분명 자신을 표현한다는 것은 중요한 일이다. '모두가 같은'

것이 성장사회라면 성숙사회는 '각각 한 사람 한 사람'이 키워드다. 패션을 계기로 개성을 깨닫고, 자기만의 감각과 커뮤니케이션이 생길 수도 있다. 이것은 교복 착용으로는 불가능하다는 의견이 많이 나온다.

이런 식으로 자기 생각의 정당성을 주장하고, 상대 생각의 문제점을 지적해간다. 작은 말싸움이라고도 볼 수 있다.

이 수업에서는 반드시 반대 입장에서도 생각해보자. 교복파인 사람은 '그렇다고는 해도 교복에는 이런 디메리트demerit(단점)가 있다'는 것을 생각해본다. 사복파의 사람도 사복의 디메리트를 생각해본다.

디베이트에서 중요한 것은 '자신의 의견이나 감정과는 별도로 찬성파와 반대파로 나뉘어 생각해본다'는 것이다. 한쪽만을 보는 것이 아니라 반대편에서 생각해보는 힘. 이것이야말로 복안사고다.

실제로 친구나 동료들과 해볼 때는 생각하는 순서나 토론하는 순서를 잘 정해서 하길 바란다. 우선은 혼자 생각해보고 어느 의제에 대해 '찬성'인가 '반대'인가를 정하고, 그 이유를 종이에 적어본다. 단순히 이유를 적는 것이 아니라 메리트와 디메리트를 모두 검토하고 적어둔다. 이것이 준비 단계다.

다음으로 상대와 단둘이서 디베이트를 한다. 1 대 1의 토론이다. 가위바위보도 좋고, 제비뽑기도 좋다. 찬성파와 반대파로 나뉘어 의견을 나눈다. 어느 정도 논의가 진척되면 이번에는 2 대 2 또는 3 대 3 다수의 디베이트로 넘어간다. 그렇게 하면 처음에 나오지 않았던 새로운 의견이 나와서 보다 사고의 깊이가 깊어지는 것을 발견할 수 있다.

가능하면 이것을 열 명이나 스무 명으로 수를 늘려가며 진행해보라. 주의해야 할 것은 느닷없이 처음부터 열 명 이상이 되는 사람을 대상으로 하지 말라는 것이다. 그러면 아무래도 '발언력이 있는 사람'이나 '목소리가 큰 사람'이 전면에 나서게 되고, 다른 사람들은 그것을 따라가는 경향이 생길 수 있다.

처음에는 두 명으로 시작해서 '자신의 주장을 정면에서 펼친다'는 것에 익숙해지고 나면, 단계적으로 인원을 늘려가는 것이 좋다. 디베이트의 기술을 몸에 익히면 사상을 다각적으로 검토할 수 있게 되고, 지금 시대에 가장 필요로 하는 커뮤니케이션 능력이 비약적으로 향상된다. 이것을 읽고 느끼는 것으로 끝내지 말고 꼭 실행에 옮겨보기 바란다.

3교시

자신의 답을 의심하라

: 로지컬씽킹

二校時

정답이 없는 시대의
'의심'하는 힘

여러분은 '의심한다'라는 단어에 관해 어떤 이미지를 가지고 있는가? '저 사람은 의심이 많아.' 그런 말을 들으면 어떤 사람을 떠올리는가? 아마 분명 그다지 좋은 인상은 아닐 것이다. 의심이 많다는 것은, 특히 대인관계에서는 상대방의 말을 좀처럼 믿지 않는다는 의미니까 부정적인 인상을 주는 것은 어쩔 수 없다고 생각한다.

하지만 '믿는다는 것'과 '그대로 받아들이는 것'은 전혀 다른 이야기다. '당신을 믿습니다', '운명적인 만남을 믿습니다'라는 식의 기술에서도 알 수 있듯이 '믿는다'는 것은 하나의 결단이다. 여러 가지 가능성을 검토한 결과, 다른 사람은 어떻게 생각하는지 모르겠지만 자신은 그것이 옳다고 생각하니까 믿는다. 속임을 당하거나 부정되거나 하는 일이 있더라도 믿는다는 것은 결코 수동적이 아닌 능동적 결단이다.

한편 '그대로 받아들이는 것'은 결단이 아니다. 상대방의 말이나 텔레비전, 신문이 전하는 것을 그대로 받아들이는 것. 자신의 머리로 음미하는 일 없이 눈이나 귀로 들어온 정보를 체크하지 않고 정답이라고 인정하는 것을 의미한다. 이것은 완전히 수동적이고 머리를 전혀 쓰지 않는 것이다. 이런 경우를 그대로 받아들인다고 말한다.

믿는다는 것과 그대로 받아들인다는 것을 혼동하고 있다면 오늘부터는 확실히 분리해서 생각하기 바란다. 누군가를 믿거나, 무언가를 믿는 것은 훌륭한 태도다. 우리는 친구나 가족, 자신의 미래, 국가의 미래 등 여러 가지를 믿어야 한다. 하지만 무엇이든 그대로 받아들이는 것은 대단히 위험하다.

지금까지 반복해서 설명한 크리티컬씽킹이라는 단어를 직역하면 '비판적 사고'다. 이것은 '무엇이든 의심해본다'는 의미가 아니라 '무엇이든 그대로 받아들이지는 말라'는 의미다. 세상에

넘쳐나는 정보를 그대로 받아들이는 것이 아니라, 일단 자신의 머리로 생각하라는 말이다. 또는 자신이 내놓은 '답'이 정말로 옳은 것인가를 다시 한 번 객관적으로, 그리고 논리적으로 생각한다. 이러한 확인 작업을 '검증'이라고 한다.

지금까지 자신만의 '납·득·해'를 도출하는 스텝도 '관찰'에서 '가설'까지 진행하여 그 가설을 '검증'하는 단계에 이르렀다. 이 3교시에서는 '검증'을 테마로 그 구체적인 방법인 로지컬씽킹에 관해 알아보자.

상대의 '의도'를
읽어내는 힘

여러분은 시험에 필요한 힘이 무엇이라고 생각하는가? '기억력'이라고 대답하는 사람이 많을 것이다. 시험이란 기본적으로 '얼마나 많은 정답을 외워서 그것을 재현할 수 있는가'를 묻는 시스템이니까. 여러분도 시험 전날 '벼락치기' 공부를 해본 경험이 있을 것이다. 그런데 막상 좋은 대학이나 사법고시 등에 합격한 사람들의 이야기를 들어보면 조금 다른 양상을 발견하게 된다.

"출제될 가능성이 있는 범위를 모두 외우는 것은 절대로 불가능하다. 기억력으로 승부하기에는 어딘가 한계가 있다."

아무리 머리가 좋은 사람이라 하더라도 출제 범위 전체를 외운다는 것은 불가능하다. 그러면 요행수를 노리는 것이냐 하면 그것도 아니다. 그래서 필요한 것이 '전략'이다.

내가 도쿄대학교 입시를 봤을 때 일이다. 2차 시험인 지리 과목에서 지금도 잊히지 않는 멋진 문제가 있었다. 첫 문제는 이랬다.

'아프리카 지도를 그리고 적도의 위치를 표시하시오.'

학교 때 배운 세계사를 생각하면 아프리카의 모양 정도는 대강 떠올릴 수 있을 것이다. 그런데 적도의 위치라니? 주변 친구들에게 이 문제를 풀어보라고 하면 대부분 실제 적도보다 위쪽(북쪽)에 선을 그었다.

다음으로 두 번째 문제가 이어졌다.

'적도 부근에 있는 탄자니아가 안고 있는 문제에 대해 기술하시오.'

만약 처음부터 '탄자니아의 정치·경제에 대해 기술하라'는 것이 문제였다면 어떻게든 암기에 의존해 대응할 수 있었을 것이다. 그러나 이 문제는 본 문제에 들어가기 전에 아프리카의 지도와 적도의 위치를 그리며 자연스럽게 생각의 연장을 유도한 것이다. 이 독특한 착안점을 보고 '역시 도쿄대구나' 하는 생각이 들었다. 공부는 오로지 암기로만 하는 게 아니다. 공부와 현실세계를 연관시키면서 생각하지 않으면 좀처럼 풀 수 없는 문제들이 있기 때문이다.

이런 이야기를 꺼낸 이유는 나는 이 흥미로운 문제를 풀어냈기 때문이다. 그것은 내가 똑똑해서가 아니라 내가 생각한 나름의 '전략'이 맞아떨어졌던 것이다.

이것을 기억해두길 바란다. 중간고사나 기말고사, 그리고 기업의 입사시험, 승진시험도 그 배경에는 '출제자라는 인간'이 있다. 문제만이 홀로 존재하지 않는다. 시험이라는 것은 피가 흐르는 인간이 만든 것이고, 중요한 것은 출제자와 나누는 '대화'다.

그래서 나는 시험의 선택과목을 지리로 했을 때 과거 10년 동안의 입시문제를 체크해서 '매년 시험에 나오는 나라'와 '한 번도 시험에 나오지 않는 나라'만을 집중해서 공부했다. 매년 나오는 나라는 출제자가 '이 지식은 반드시 알아야 한다'고 생각하는 것이고, 반대로 한 번도 나오지 않은 나라는 출제자가 '이제 한

번 다뤄볼까'라고 생각할 수 있기 때문이다. 나는 과거 10년 동안의 문제를 읽어보고, 그런 식으로 출제자의 기분까지도 떠올려봤다. 그 결과 다소 생소한 이런 유형의 문제를 풀 수 있었다. 이것이 내 '전략'이었다.

덧붙이자면 솔직히 아프리카 해안선의 모양을 정확하게 기억하는 사람은 거의 없다. 도쿄대학생이라고 하더라도 그런 것을 외우지는 않는다. 여기서 묻고 있는 것은 단순히 '지도로서의 아프리카'가 아니라 '서아프리카의 커다란 돌출부를 묘사하고 있는가'라든지 '인도양과 홍해를 잇는 아프리카의 뿔(소말리아 반도)을 묘사할 수 있는가' 하는 '세계관으로서의 아프리카'에 대한 이해를 요하는 것이다. 게다가 적도를 그림으로써 대륙의 형태나 국가의 위치관계에 거짓말이 통하지 않게 된다. 여기서의 적도는 수학의 도형문제에서 말하는 보조선과 같은 것이니까.

만약 이것을 이해하지 못하고 '지도로서의 아프리카'를 정확하게 재현하려고 애썼다면 다음 문제를 제대로 풀지도 못할 뿐 아니라 시간이 부족해서 결국 시험을 망쳤을 것이다. 그게 1번 문제였으니까. 출제자는 아무 이유 없이 문제를 내지 않는다. 모든 문제에는 어떤 식으로든 출제자의 의도가 들어 있다. 출제자는 그 문제를 통해 여러분의 '능력'을 시험하려 한다. 따라서 그것이 '정보처리능력'을 묻는 것인지, '정보편집능력'을 묻는 것인지를 분명히 알아야 한다.

그러기 위해서는 정보를 그대로 받아들이지 않고 '의심하는 힘'이 필요하며, 지금부터 설명하는 로지컬씽킹의 기초가 얼마나 중요한지 알게 될 것이다.

논리적으로
말하는 연습

로지컬씽킹을 직역하면 '논리적 사고'다. 이럴 때는 '반의어'를 먼저 생각해보는 것이 좋다. 반의어는 뜻이 정반대되는 말로 '상대어'라고도 한다. 그럼 '논리적'의 반의어는 무엇일까? 비논리적? 이것은 '비'라는 접두어를 사용해서 '논리적이지 않다'고 부정하는 것에 지나지 않으므로 반의어와는 다르다. 그러면 감정적? 뉘앙스로는 가깝지만 감정의 반의어는 '이성'이다.

논리적이라는 말의 반의어는 '직감적'이 된다. '번뜩인다'고 할 수 있는 갑자기 순식간에 답이 떠오르는 느낌을 말한다. 논리

129

3교시 자신의 답을 의심하라

적이라는 것은 확실한 논거를 하나씩 쌓아올리면서 천천히 정답에 접근해가는 것이다. 원래 논리라는 단어 자체가 '이야기가 이치에 맞다'는 뜻이지 않은가. 직감이 아닌 이치를 갖춰 답에 접근해가는 태도를 논리적이라고 한다.

논리적이라는 것에 대해 조금 더 구체적으로 생각해보자. 논리적인 화법이라는 말이 있다. 2교시 마지막에 논의한 '교복이 좋은가? 아니면 사복이 좋은가?'라는 문제를 다시 한 번 꺼내보자. 보통 이에 대한 자신의 생각을 타인에게 전달할 때 이런 식으로 말한다.

"저는 교복 찬성파입니다. 제가 교복이 좋다고 생각하는 이유는 세 가지입니다. 첫째는 사복은 돈이 많이 들어 가계의 부담이 크다는 것. 둘째는 교복이라면 한눈에 학생임을 알아볼 수 있기 때문에 술이나 담배를 사거나, 학교를 벗어나 수업시간에 놀러 다니기 어렵다는 것. 셋째는 모두가 같은 옷을 입고 있으면 동료의식도 생기고, 모교에 대한 애착이 커지기 때문입니다. 이상의 이유로 저는 교복이 좋다고 생각합니다."

알기 쉽고 설득력이 있지 않은가?

처음에 '세 가지 이유가 있다'고 선언함으로써 듣는 사람의 머릿속에 1, 2, 3이라는 번호가 연상된다. 그리고 각각의 항목별로 이유를 서술하면 듣는 이도 '과연 그렇구나' 하고 납득하게 된다. 이유가 하나뿐이라면 그만큼 설득력이 약해진다. 그래서 대체로 두세 개 정도의 이유를 말한다. 즉 '1, 2, 3의 이유로 저는 이렇게 생각합니다'라는 식으로 전달하는 것이다. 이렇게 하면 상당히 탄탄한 의견이 되어 상대방의 공격에도 그리 쉽게 무너지지 않는다. 여기에서 '이유'를 '근거'라고 해도 좋다.

무언가를 이야기하거나 주장할 때는 자신이 도출한 '가설'에 어느 정도의 객관적인 '근거'가 있는가, 자신의 '이야기'가 올바른 '이치'와 맞닿아 있는가를 확인해야 한다. 근거가 부족한 가설은 모두에게 '납·득·해'가 되지 못한다. 꼭 근거를 확인하는 습관을 갖기 바란다.

일상 속에서
비판적인 안목을
갖는다

다음으로 논리적 사고와 밀접한 관계가 있는 크리티컬씽킹에 대해 생각해보자. 근대 철학의 아버지라 불리는 데카르트René Descartes는 "나는 생각한다. 고로 존재한다"라는 말을 남겼다. 그는 '정말로 확실한 것은 무엇인가?'를 생각하기 위해 세상의 모든 것을 부정했다(방법적 회의).

데카르트는 상식이나 주변 사람의 발언, 자신의 생각, 그 모든 것을 의심했다. 그뿐 아니라 세계가 존재한다는 것, 눈앞에 펼쳐진 풍경, 자신의 존재까지도 의심했다.

'만약 지금 눈앞에 사과가 있다고 해도 그것은 꿈일지도 모르고 환상일지도 모른다. 보이는 것, 들리는 것, 느껴지는 것, 그 무엇이든 꿈이나 환상일지도 모른다.'

그렇게 모든 것에 관해 '아냐, 이것도 거짓일지 몰라' 하고 의심한 것이다.

그 결과 데카르트 안에 마지막까지 남은 것은 '나'였다. 데카르트는 "어쩌면 '나라는 인간'도 존재하지 않을지 모른다. 하지만 '내가 실제로 존재하는 것일까?' 하고 의심하는 '나'가 있음에는 틀림없다"라고 생각했다. 그것만큼은 의심할 수가 없었다. 그것이 바로 '나는 생각한다. 고로 존재한다'다.

데카르트의 이야기는 조금 극단적일지 모르지만, 그는 '의심하는 힘'에 따라 진리를 추구하려고 했다. 이는 이 수업에서 줄곧 이야기해온 크리티컬씽킹의 목적과 일치한다. 이것은 비판하는 목적이나 의심하는 목적이 아니라 어디까지나 자신의 가설을 검증하기 위한 수단이다.

크리티컬씽킹의 목적은 '정보를 그대로 받아들이는 것이 아니라 일단 자신의 머리로 생각하는 것'이며, '보다 나은 답에 다가가는 것'이다. 크리티컬씽킹의 습관을 몸에 익히기 위해서는 한 가지 해야 할 일이 있다. 느닷없이 데카르트처럼 모든 것을 의심하는 것은 어렵기도 하고 위험하기도 하다. 그래서 일상에서 쉽게 접하는 기사나 방송을 눈여겨보는 것이다. 제일 먼저 뉴스를 전하는 아나운서의 말을 의심해보자.

예를 들어 세계 인구문제에 대한 특집방송이 있다고 가정하고, 아나운서가 심각한 얼굴로 "2100년에는 세계 인구가 현재의 절반이 된다고 합니다"라고 말했을 때 "그건 말도 안 돼. 과장이 심하잖아!"라고 불평하는 것은 단순한 트집에 지나지 않는다.

"근데 인구가 줄어드는 것이 왜 문제야? 인구밀도가 낮아지면 땅도 넓게 쓸 수 있고, 환경 파괴도 적어지고, 좋은 점이 더 많지 않나?" 하고 다른 각도에서 접근해보는 것이 크리티컬씽킹이다.

그런 다음 인구가 반으로 줄어든 사회를 시뮬레이션한다. 왜 인구가 줄어드는가? 물론 죽는 사람의 수도 원인일 수 있겠지만 그 이상의 원인이 '태어나는 아이'의 숫자가 적기 때문이라는 것을 알게 된다. 이른바 저출산이다. 이대로 저출산이 계속된다면 '누가 노인층을 부양할 것인가?'라는 사회보장의 문제가 지금보다 커질 것이다.

이렇게 크리티컬씽킹으로 시뮬레이션을 해가면 멍하니 바라보던 텔레비전 시청 시간이 상당히 자극적인 시간으로 바뀔 것이다. 포인트는 모두가 상식으로 받아들이는 '대전제'를 일단 의심해보는 것. 이 눈을 갖는 것만으로도 여러분의 사고력은 대폭 향상될 수 있다.

자신을
의심해본다

크리티컬씽킹은 주변에 있는 것들을 의심할 뿐 아니라 자기 자신에 대해서도 의심하는 것이다. 1교시에서 '햄버거가게를 어디에 낼 것인가'라는 테마를 놓고 수업했다. 만약 여러분이 상점가에 가게를 내기로 정했다고 하자. 자신이 살고 있는 동네에서 가장 사람들이 많이 다니는 상점가라는 이유로 말이다.

이렇게 정한 답에 대해 크리티컬씽킹을 해보도록 하자.

'확실히 유동인구가 많기는 하지만 타깃 고객층은 어떨까? 주부

들이 많아서 햄버거가게를 이용하지 않는 것은 아닐까?'

'상점가 근처의 고등학교, 대학교, 전문학교는 몇 개나 되지?'

'점심시간에 올 수 있는 직장인은 얼마나 될까?'

'상점가의 식당이라면 정식이나 면류를 취급하는 식당이 더 좋지 않을까?'

'사실 상점가는 점점 쇠퇴하고 있는데 여기에 가게를 내면 잘될 것이라는 발상 자체가 너무 낡은 것 아닐까?'

이것은 디베이트의 연장이기도 하다. 일부러 '상점가 반대파' 가 되어 어디에 약점이 있는가를 생각하고 그 점을 철저히 파고 든다. 다른 사람으로부터 들으면 화가 날 만한 의견, 모처럼 세 운 가설을 무너뜨릴 만한 반대 의견을 적극적으로 찾아본다.

왜 스스로를 의심하는가? 물론 납·득·해의 정확도를 높이기 위해서라는 대전제가 있다. 하지만 그 이상으로 중요한 것은 이 런 과정을 통해 심리적인 유연성을 기르기 위해서다. 사람은 무 언가를 믿으면 사고가 거기서 멈춰버리는 경향이 있다. 자신에 게 듣기 좋은 정보만을 모으고, 나쁜 정보에는 눈을 감아버린다. 그렇게 해서 '역시 나는 문제없어'라고 생각한다.

예를 들어 여러분이 수학은 인생에 도움이 안 된다고 생각한다고 하자. 시험에는 필요할지 모르지만 사회에 나가면 고급 수학은 쓰지 않으며 실생활에 전혀 도움이 안 된다고 생각한다. 그러면 수학의 어려움이나 재미없음만이 눈에 들어오게 된다. 그래서 수학의 즐거움에 대한 정보는 전부 외면하게 된다. 봐도 못 본 척한다. 그러는 것이 훨씬 마음이 편하니까.

대개 머리가 굳은 어른들이 그렇다. 변화하는 것이 두렵기 때문에 언제까지나 과거의 상식에 매달려서 시시각각 변화하는 시대의 흐름을 못 본 척한다. 그런 어른이 되지 않기 위해서라도 자기 자신을 향해서도 의심하는 눈을 가지는 것은 대단히 중요하다.

정말 이대로 좋은가? 좀 더 좋은 방법이 있지 않을까? 무언가 빠뜨린 것은 없는가? 직감이라는 감정만으로 움직이는 것은 아닌가? 라는 식으로 자신에게 질문 공세를 펼치자. 특히 중요한 것은 본질적인 '원래'를 파고드는 것이다.

'원래 햄버거가게는 어떤 사람들을 위한 것인가?'

'원래 교복은 무슨 용도일까?'

'원래 돈이란 도대체 무엇일까?'

'일이란 무엇일까?'

'왜 우리는 공부를 하는 것일까?'

이러한 비판적인 질문에서 출발하여 자신과 다른 사람들이 모두 납득할 수 있는 논리를 하나씩 구축해나가야 한다.

그러면 실제 수업으로 들어가 보자.

• 선생님에게 성적을 매긴다면? •

학교 다닐 때 우리는 누구나 학기말이 되면 성적 통지표를 받았다. 발군의 운동신경으로 체육만큼은 항상 좋은 성적을 받은 사람, 수학만큼은 자신이 최고라고 여기는 사람도 있을 것이다.

언제나 선생님으로부터 평가를 받아온 성적 통지표를 이 수업에서는 반대로, 여러분이 선생님에 대해서 평가를 해보도록 하자. 수학 선생님은 4점, 영어 선생님은 2점, 음악 선생님은 5점, 이런 식으로 말이다. 이미 졸업한 지 한참이 지났지만 학창 시절을 떠올리면 유난히 좋아했던 선생님이나 싫어했던 선생님들이 기억에 남아 있을 것이다. 반대로 여러분이 평가한다는 것이 꽤나 재밌지 않은가?

하지만 실제로 평가를 하려고 하면 무엇을 어떻게 평가해야 하는지 당황스럽다. 우리가 받았던 성적표에는 일단 지필시험이나 수행평가라는 평가기준이 있었다. 중간고사와 기말고사에서 100점을 맞았다면 통지표에 높은 점수와 함께 석차가 매겨진다. 또는 그에 상응하는 등급이 매겨진다. 선생님들도 그 시험 결과를 가지고 통지표를 만든 것이니까.

하지만 선생님을 평가하려고 했을 때 시험과 같은 알기 쉬운 기준이 없다는 것을 알게 된다. 물론 좋다든가 싫다든가 하는 감정적인 평가는 논리적인 태도라고 할 수 없다. 따라서 먼저 테스트를 대신할 만한 평가기준을 설정할 필요가 있다.

여기서 한 가지 흥미로운 데이터를 공개하겠다. 여러분이 학교에 다니면서 공부하는 동안 얼마나 많은 돈이 드는가를 생각해본 적이 있는가? 초등학교에서 중학교까지 의무교육 기간에는 그다지 많은 돈이 들지 않기 때문에 별로 생각해본 적이 없을 것이다.

의무교육이라고는 해도 당연히 선생님들의 인건비를 비롯해 학교나 체육관의 수리비, 급식을 위한 재료비나 인건비, 비품 구입비 등 학교를 운영하는 데에는 많은 돈이 들어간다. 교실의 책상이나 의자, 커튼과 유리창, 그 어느 것 하나 공짜가 없다. 국민이 부담하는 세금으로 이 모든 것들이 충당된다.

그러므로 여러분은 세금이라는 형태로 전국의 어른들로부터 수업료를 받아서 학교에 다닌 셈이다. 그렇게 생각하면 어릴 때 수업에 임하는 자세에도 조금은 변화가 있지 않았을까? 대학에 오거나 취직한 후에 '학교 다닐 때 공부 좀 열심히 할걸…'이라며 후회하지 않은 사람은 거의 없을 것이다.

좀 더 파고들어가 보자. 그러면 구체적으로 연간 얼마나 들어갈까? 일본 공립중학교를 기준으로 살펴보면 1인당 연간 1,000만 원 정도, 고등학교라면 1,500만 원 정도 든다고 하지만, 일단 여기서는 '연간 1,000만 원'이라고 하자. 연간 1,000만 원이라는 숫자를 어떻게 계산할 것인가?

1년이라고 해서 365일이라는 숫자로 나누는 것은 별로 의미가 없다. 왜냐하면 토요일과 일요일을 쉬고, 여름방학과 겨울방학도 있으니까. 그러니 일수가 아니라 수업일수를 기준으로 나눠야 한다.

일본의 초중학교나 고등학교의 수업시간은 연간 1,000시간 정도가 된다. 그렇게 1,000만 원을 1,000시간으로 나누면 수업시간당 비용은 만 원 정도라는 계산이 성립된다. 여러분은 매회 만 원의 돈을 내고 한 시간의 수업을 받았던 셈이다. 전국의 어른들로부터 세금이라는 형태로 받은 돈으로 말이다.

만 원은 작은 돈이 아니다. 만 원이면 배불리 먹을 수 있는 만큼의 과자를 살 수도 있고, 책을 사거나 영화를 볼 수도 있다. 이런 식으로 여러분이 만 원으로 살 수 있는 것이나 할 수 있는 것을 생각해보면 한 시간의 수업의 가치를 가늠해볼 수 있다.

그 선생님은 수업 시간마다 '만 원의 가치'를 제공했는가? 겨우 3,000원 정도라고 판단되는 선생님도 있을 것이고, 1만 5,000원 이상의 가치를 느끼게 하는 선생님도 있을 것이다.

'한 시간에 만 원'이라는 숫자는 선생님을 평가하는 데 커다란 기준이 될 수 있다. 게다가 적당히 만든 기준이 아니라 논리와 통계를 통해서 쌓아올린 숫자이므로 찬성하는 사람이 많으리라 생각한다.

그런데 아직 끝난 것이 아니다. 다음으로 '한 시간에 만 원'이라는 숫자에 대해 비판적인 시각을 던져보자. 원래 이 '한 시간에 만 원'이라는 숫자는 수업의 '가치'를 산출한 숫자가 아니다. 어디까지나 수업에 들어가는 '비용'이다. 학교라는 공적인 장을 만들고 전문지식을 가진 교사를 뽑아서 체육이나 음악이라는 수업까지 종합적으로 제공하려고 했을 때에 발생하는 비용이 '한 시간에 만 원'이라는 숫자다.

그럼 어떻게 하면 이 비용에 합당한 '가치'를 창출할 수 있을까? 또는 들어간 비용 이상의 '부가가치'를 창출할 수 있을까? 선생님들의 역량 향상? 좀 더 본질적인 조건은 없을까?

사실 이것은 대단히 중요한 이야기인데, 수업이라는 것은 '곱셈'으로 이루어져 있다. 어떤 곱셈이냐 하면 '선생님의 노력×학생의 노력'이다. 예를 들어 선생님이 만 원의 수업을 제공했다 하더라도 여러분의 의지가 0이라면 0원의 가치밖에 생기지 않는다. 수업의 가치는 여러분의 주체성과도 관련 있다. 또는 이렇게 생각하면 이해가 더 쉬울지도 모르겠다.

클래식 공연에 갔다고 하자. 세계적으로 유명한 교향악단의 콘서트로 티켓의 요금은 5만 원이라고 하자. 이때 여러분이 공연시간 동안 충실히 들었다면 이 가격이 싸다고 느낄 것이다. 어쩌면 인생관이 바뀔 정도의 체험이 될지도 모른다. 하지만 관심 없이 듣고 나왔다면 비싸다고 느낄 것이다. '클래식은 정말 무료한 것이야. 돈이 아까워' 하면서 말이다.

학교 수업이나 학원 수업이나 완전히 같은 구도다. 중요한 것은 얼마나 주체적으로 몰입하느냐에 달려 있다. 선생님이 만 원의 수업을 제공했을 때 여러분의 의지가 두 배, 세 배가 되면 그 수업은 2만 원, 3만 원의 가치를 갖는다.

따라서 선생님을 평가할 때는 자기 자신에 대한 평가도 포함해서 하도록 해야 한다. '수학을 싫어하니까 수학 선생님은 1점'이라든가 '음악을 좋아하니까 음악 선생님은 5점'이라면 올바른 평가라고 할 수 없다.

이렇게 해서 통지표를 만들면 각 교과목에 대한 관심이나 자신의 의지, 재능도 드러나게 되지 않을까? '저 선생님은 잘 가르치는 데 반해 내 점수가 안 나오는 것을 보니, 아마도 저 분야에 대한 내 관심은 0에 가까운가 보다'라는 식으로 말이다.

선생님 평가를 통해 자기 자신을 들여다보자. 재미있는 과제니까 여러분도 꼭 한 번 직접 해보길 권한다.

• 아이 방은 필요한가? •

다음은 우리의 일상생활과 관련된 문제다. '아이를 위한 개인 방이 필요할까?' 하는 것이다.

실제 '세상 수업'에서는 부모님들이나 지역의 어른들을 모시고 함께 논의를 하지만, 여기서는 여러분의 미래를 가정하고 생각해보자.

이것은 대답을 들을 필요도 없이 대부분 '아이 방은 필요하다'고 생각할 것이다. 그러면 그 이유를 생각해보자.

'프라이버시를 지키기 위해서는 개인 방이 필요하다.'

'공부에 집중하기 위해서는 공부방이 필요하다.'

바로 떠오르는 것은 이 두 가지가 아닌가 싶다. 여기에 크리티컬씽킹의 눈을 적용해보자.

우선 프라이버시의 문제를 보자. 확실히 프라이버시의 문제는 중요하다. 알리고 싶지 않은 것, 보이고 싶지 않은 것이 있을지도 모른다. 어쨌든 자기만의 공간이 있는 것이 좋을 것이다.

하지만 이 이유라면 가족 전원이 자기만의 공간이 필요하다는 말이 된다. 아버지 방, 어머니 방, 형과 누나의 방, 남동생이나 여동생의 방, 할아버지 방, 할머니 방이 필요하게 된다. 그런데 일반 가정에서 가족 구성원 모두가 자신의 방을 가지고 있는 집은 거의 없다. 특히 가족이 많은 집이라면 형제들이 한 방을 쓰고, 자매끼리 한 방을 쓰는 경우가 대부분이다.

이러한 반론을 없애기 위해서 이번에는 '공부에 집중하기 위해서 공부방이 필요하다'고 재반론을 펼치자. 그런데 이것도 여기저기 구멍이 있기는 마찬가지다.

잠시 아이 방의 문제에서 벗어나 앞으로 자신이 집을 짓는다고 하면 어떻게 방을 구성할 것인지를 건축가의 입장에서 생각해보자.

'가족의 단란한 시간을 위해 커다란 거실을 준비한다. 주말에 친
구들과 파티를 하기 위해 테라스도 만든다. 조용히 독서를 즐기
기 위해 한쪽 벽을 서고로 꾸민 서재를 만든다. 그리고 아이가 공
부에 집중할 수 있도록 공부방을 준비한다.'

그런데 어딘가 좀 이상하다고 생각하지 않는가? 여기서 크리
티컬씽킹으로 조금이라도 위화감을 느꼈다면 솔직하게 그 위화
감의 정체를 드러내보도록 하자.

'거실이 있으면 반드시 가족이 단란해지는가?'
'테라스와 바비큐 세트가 있으면 반드시 친구들이 모여서 즐거운
주말을 약속할 수 있는가?'
'서재를 만들어두면 언제나 책을 읽을 것인가?'
'테라스가 횅한 집이나, 서재가 창고가 돼버린 집이 얼마든지 있
지 않는가?'

이처럼 '물건'을 갖추면 '그러한 일'이 자동적으로 연결될 것

이라는 발상이 처음부터 이상하다는 것을 깨달았으면 한다. '하드'를 만들면 '소프트'도 따라온다는 발상. 뭔가 이상하다.

역이나 공항을 만들면 마을이 발달할 것이라든가, 도로를 만들면 자동차 통행량이 늘어날 것이라든가, 문화회관을 만들면 문화적으로 풍요로워질 것이라는 발상. 그러한 잘못된 발상으로 만들어진 도로나 시설이 세상에 넘쳐난다.

그러므로 '공부방을 만들어주면 공부한다'라는 것이 타당하게 들릴지 모르지만 의문이 많은 논제이기도 하다. 실제로 몇 년 전에는 '도쿄대학생의 절반이 자기 방이 없이 거실이나 부엌에서 공부하는 경우가 많았다'는 데이터가 화제가 된 적이 있다.

아이 방이 있다고 해서 그것만으로 공부를 한다는 보장은 없다. 오히려 늦게까지 게임에 몰두하게 될지도 모른다. 어디에 살든 어떻게 살든 거기에서의 생활방식을 결정하는 것은 자기 자신이다.

또 하나 금전적인 측면을 생각해보자. 학창시절을 돌이켜보면 아무리 자신의 방이라고 해도 여러분이 그것을 '소유'하고 있는 것은 아니었다. 말하자면 부모님으로부터 '빌리는' 것이다. 그렇다면 작은 방일지라도 그것을 임대료로 계산하면 얼마가 될 것인지 한 번 생각해보기 바란다.

욕실이나 화장실이 딸려 있고 거기에 식사까지 제공되는 물건의 임대료를 생각해보라. 가까운 부동산에 가서 안내문을 보면서 '부엌, 욕실, 화장실이 딸린 원룸'을 찾아보라. 도심이라면 50만 원에서 60만 원 정도 할지도 모른다.

　여러분의 부모님은 아이 방을 마련함으로써 매월 그만큼의 돈을 여러분에게 투자한 셈이다. 이것은 결코 적은 금액이 아니다. 그러면 여러분은 그만큼의 투자에 대해서 무엇을 상환해야 한다고 생각하는가? 열심히 공부해서 지망하는 학교나 회사에 합격하는 것인가? 공부 이외의 효도를 하는 것인가?

　'아이 방은 필요한가'라는 테마를 여기까지 발상의 확대를 해보라. 로지컬씽킹과 크리티컬씽킹의 힘이 있으면 반드시 할 수 있다.

다른 각도에서 바라보라

: 롤플레잉

四校時

아이들은 롤플레잉의 달인?

여러분은 어린 시절에 어떤 놀이를 하고 놀았는지 기억하는가? 유치원에서 초등학교 저학년 정도까지 아직 게임이나 스포츠, 만화에 빠지기 전에 무엇을 하면서 놀았을까?

아마 무엇이든 '○○놀이'를 하면서 놀았을 것이다. 남자아이라면 전쟁놀이나 탐험놀이, 전철놀이나 탐정놀이 같은 것 말이다. 여자아이라면 엄마놀이나 꽃집놀이, 그리고 인형의 머리를 이리저리 매만지면서 미용실놀이 등을 했을 것이다.

내가 어렸을 때에는 히어로를 흉내 내는 놀이가 유행이었고,

153

그다음 세대도 울트라맨이나 가면라이더가 인기를 끌면서 히어로 흉내를 내는 놀이는 더 큰 인기를 끌었다. 울트라맨과 괴물 역으로 나뉘어 각각의 무기를 가지고 싸운다. 울트라맨이나 가면라이더가 된 순간은 정말로 자신이 강해진 느낌이 들었었다.

왜 이런 이야기를 하는가 하면 바로 4교시의 테마와 밀접한 관계가 있기 때문이다. 이번 시간에는 여러분과 '롤플레잉 능력'을 학습하기로 한다.

롤플레이Role-play는 번역하면 '역할극'이라는 의미다. 아이들이 전쟁 영웅이 되거나 케이크가게의 주인이 되거나 하는 것처럼 자신 이외의 누군가가 되어보는 것이다.

예를 들어 1교시의 '햄버거가게를 만들어보자'는 수업을 되돌아보면 그 수업에서는 여러분에게 햄버거가게의 주인이 되어보자고 했다. 이는 롤플레이의 한 사례라고 할 수 있다. 하지만 그것은 두뇌를 스트레칭하는 수준의 이야기였고, 개업 계획이 실패했을 때의 책임 문제라든가 어떤 사람을 고용해서 가게를 어떻게 운영할 것인가와 같은 깊은 고민은 없었다. 그 수업의 목적은 '시뮬레이션'이었기 때문에 거기까지만 이야기한 것이다.

하지만 이번 시간에는 정말로 자신이 '당사자'가 된다면 어떻게 할 것인가에 대해 상당히 구체적인 것까지 생각해보자. 왜냐

하면 타인의 입장이 돼보면 처음으로 보이는 풍경이 있기 때문이다. 싸움을 했을 때라든가 회사에서 따돌림의 문제가 발생했을 때 '상대방의 입장에서 생각해봐라'라는 상투적인 말을 듣곤 한다. 그리고 여러분도 상대방의 입장이라면 어떻게 느낄 것인가를 생각해볼 것이고 조금은 느끼는 바가 있을 수 있다.

자기 이외의 누군가가 되어 생각한다는 것은 상당히 어려운 일이다. 머릿속 상상만으로는 아무래도 한계가 있다. 그러면 어떻게 할 것인가?

실제로 그 역할을 연기하면서 그 사람이 되어보는 것이다. 연기한다는 말을 들으면 뭔가 어렵다는 느낌을 받을지도 모르겠지만, 어린 시절 즐겁게 놀이를 했던 우리가 아닌가. 그 연장선에서 가벼운 마음으로 하면 된다.

다른 사람의 것을
내 것으로 만드는 연습

●

●

●

　요즘에는 사원 교육의 일환으로서 롤플레이를 도입하는 기업이 늘어나고 있다. 특히 고객을 직접 상대하는 영업직에서 많이 볼 수 있는데, 예를 들어 안경점의 경우 직원들끼리 점원과 손님 역할을 정하고 고객이 가게에 들어서는 장면부터 시작한다. 고객이 들어오면 자연스럽게 인사말을 건네는 것에서부터 어떤 물건을 찾는지 고객의 이야기를 들어주고, 몇 개의 안경을 추천하고 직접 착용하도록 권한다. 안경테를 결정하면 시력을 측정하고 안경의 도수에 맞춰 렌즈를 고른다. 그리고 계산대로 가서 계산을 돕고 고객을 배웅한다. 여기까지의 흐름을 실제로 재연해보는 것이다.

이 롤플레이는 단순히 접객 연습을 하는 것이 아니라 고객의 역할을 연기함으로써 '고객의 기분을 이해하는 것'에 초점이 맞춰져 있다.

'지금 자신이 하는 식으로의 접객을 받았을 때 나는 어떻게 느끼는가?'

'가르치려는 것 같아서 불쾌해지는가, 아니면 반대로 설명이 부족해서 불안을 느끼는가?'

'가만히 놓아두었으면 좋겠는가, 뭔가 말을 걸어주었으면 좋겠는가?'

'칭찬은 자연스러운가, 존경어의 사용에는 과잉이 없는가?'

'음악은 시끄럽지 않은가, 조명이나 인테리어는 적절한가?'

이런 감각은 물건을 파는 측의 입장에서는 예상이나 추측의 한계를 넘지 못한다. 고객의 입장에 서서 그 역할을 해봄으로써 비로소 '실감'할 수 있다. 예상이나 추측이 아니라 다른 사람의 기분과 마음을 실감하게 된다. 다른 사람의 것이 자신의 것이 되는 것이다. 이 차이는 대단히 크다.

간단하게 이런 식으로 정리할 수 있다.

우리는 아무래도 자기중심적으로 세계를 보고 판단하는 경향이 있다. 관찰 대상을 다른 각도에서 바라보거나 다른 가능성을 생각하기가 어렵고, 고정된 렌즈로 세상을 바라본다. 그래서 보다 많은 이해를 얻을 수 있는 납·득·해에 다가가기 위해 또 하나의 눈이 필요하다. 복안사고 말이다.

어떻게 해야 복안사고를 할 수 있을까? 하나는 있는 대로 자료를 모아서 다양한 가능성을 비교·검토하는 것이다. 이것이 1교시에서 배운 '시뮬레이션'이다. 그리고 또 하나는 자신 이외의 누군가를 연기함으로써 직감적으로 이해하는 것이다. 이것이 이번에 배울 '롤플레이'다. 머리로 이해하는 시뮬레이션과 마음으로 실감하는 롤플레이. 이 두 가지를 몸에 익히면 '납·득·해'의 정도가 상당히 높아질 것이다.

연기할 때의
주어는 '나'

여기까지 듣고 나면 롤플레이는 간단히 연기하는 것이구나 하고 생각하는 사람이 있을지도 모르겠다.

'많은 자료를 모아놓고 시뮬레이션 하거나 머리를 회전시키면서 토론하거나 사상을 논리적이고 비판적으로 생각하는 것들은 너무 피곤해. 하지만 롤플레이는 그렇게 골머리를 앓지 않아도 될 것 같고 왠지 쉬울 것 같아. 뭐라고 해도 놀이의 연장선이라고 했으니까.'

이것은 완전한 오해다. 당연히 롤플레이에서도 머리를 많이 써야 한다. 예를 들면 '세상 수업'에는 '교장 롤플레이'라는 수업이 있다. 간단히 말하면 '만약 여러분이 교장이라면 무엇을 하겠습니까?'에 대해 생각하는 수업이다.

여기서 '이 세상의 교장 선생님들은 무슨 생각을 하고, 무슨 일을 하고 있지?'를 생각해서 그것을 모방하는 것은 의미가 없다. 그럴 것이라면 교장 선생님의 이야기를 듣거나 누군가 교장 선생님이 쓴 책을 읽으면 된다.

그런 것이 아니라 여기서 중요한 것은 '내가 교장 선생님이 된다면?'의 '나'다. 자신이 그 입장이 된다면 무엇을 할 것인가? 어떤 사람들에 둘러싸여 어떤 책임을 지고, 얼마만큼의 권한을 갖고, 그 속에서 자신이 무엇을 생각하고, 무엇을 할 것인가에 대해 진지하게 생각해봐야 한다. 다른 사람의 역할을 연기하는 롤플레이에서도 어디까지나 주어는 '나'다.

내가 도내 공립중학교 교장으로 부임했을 때 하나의 규칙을 만들었다. 그것은 '아침에는 버스로 출근하고 밤에는 택시를 타고 집으로 돌아간다'는 것이었다. 집에서 학교까지의 택시요금은 만 원 정도로 연간 200일 학교에 출근했으니 택시요금은 연간 200만 원, 5년 동안 근무했으니 1,000만 원 정도의 비용이 들었다. 다른 학교의 교장 선생님에게 이런 이야기를 하면 '그런

완벽하지 않은 스무 살을 위한 진짜 공부

돈 낭비를 하다니!'라는 식의 반응이었다. 과연 그럴까?

조금 더 상황을 설명하자면 내가 아침에 타는 버스는 출발 정류소라서 언제나 정해진 시간에 출발한다. 그런데 귀가하는 버스는 도착시간이 불규칙해서 날마다 15분 정도를 기다리지 않으면 안 된다. 그래서 퇴근길에는 택시를 타는 게 당연하다고 생각한다. 택시가 빠르고 스트레스도 적기 때문이다.

당연하다고 하려면 여기서 금전적인 면을 고려하지 않으면 안 되는데, 예를 들어 일본 교장의 연봉이 1억 원이라고 했을 때, 아침 7시부터 밤 7시까지 12시간을 일한다고 하면 1년에 학교에 나가는 날이 약 200일. 그러면 연간 총 근무시간은 200일×12시간이니까 2,400시간이 된다.

숫자에 대한 이야기를 조금만 더 하자면 연간 2,400시간 일해서 연봉이 1억 원. 이것을 시급으로 환산하면 한 시간당 약 4만 원이 된다. 왜 이것을 계산하는가 하면 편도 만 원이라는 택시요금의 가치를 따져봐야 하기 때문이다.

시급 4만 원의 인간에게 만 원이라는 것은 15분의 노동에 해당한다. 그렇다면 밤에 어두운 버스 정류장에서 언제 올지도 모르는 버스를 기다리느라 15분을 쓰는 것보다는 만 원을 내고 택시를 타는 것이 훨씬 낫지 않을까? 긴장하지 않아도 되고 낭비하는 시간을 줄여서 그만큼 업무에 집중할 수 있을 테니 말이다. 그래서 나는 나의 '15분'에 '만 원'의 가치가 있다고 생각하고 날마다 택시로 귀가했다.

여러분이 교장 롤플레이를 하더라도 나와 같은 판단을 내릴 가능성은 상당히 적을 것이다. 왜냐하면 이것은 '나의 판단'이지 다른 사람들에게는 다른 선택지가 존재하기 때문이다.

성숙사회에 '정답'이 없는 것처럼 롤플레이에도 '정답'은 없다. 어디까지나 '자신이 그 입장에 놓인다면 무엇을 생각하고 어떻게 행동할 것인가'를 생각하는 것뿐이다. 그렇게 하지 않으면 진정한 의미의 '실감'은 불가능하다.

현실의 벽을 넘는
롤플레이

"장래에 뭐가 되고 싶어?"

아이에게 자주 묻는 질문이다. 여러분은 어린 시절 어떻게 대답했는지 기억하는 사람이 있을까? 축구를 좋아하는 소년이라면 '국가 대표 선수가 되어 월드컵에서 우승하는 것'이라고 말했을 것이고, 과자를 좋아한다면 '슈퍼마켓 사장'이라고 대답했을 것이다. 좀 더 조숙한 아이였다면 '과학자가 되어 노벨상을 받겠다', '대통령이 되겠다'고 했을지도 모른다.

그러다 초등학교 고학년 정도가 되면 조금씩 현실을 깨닫기 시작한다. '월드컵은 어렵겠다. 당장 다음 주 시합에서도 벤치 신세인데', '운동회에서도 꼴찌인데 금메달은 무리겠지', '수학 점수가 너무 낮으니까 과학자는 무리야' 등 생각이 자랄수록 점점 꿈이나 희망이라는 단어만으로 메울 수 없는 '현실'에 부딪히게 된다.

세상에는 내 마음대로 안 되는 것이 너무 많다. 세상은 여러분을 중심으로 돌고 있는 것이 아니고, 여러분만을 생각하고 바라보면서 살아가는 것도 아니다. 여러분이 눈물을 흘리며 슬퍼하는 동안에도 다른 사람들은 행복에 겨워하기도 한다. 이것은 사람이 성장해가는 과정에서 반드시 접하지 않으면 안 되는 '현실'이다. 앞으로의 인생에서도 좋아하는 사람에게 배신당하거나 시험에 실패하거나 따돌림을 당하는 등 다른 여러 가지의 쓰라린 '현실'이 덮쳐올 가능성은 언제든 있다.

여기에서 중요한 것이 롤플레이의 힘이다. 실연을 하고 혼자 침대에 누워 울고 있다고 하자. 이때 '그런 자신을 객관적으로 바라보고 있는 자신'이 없다면 인생은 너무나도 괴로운 것이 된다. 그러면 괴로움과 슬픔에서 벗어날 길이 없다.

괴로울 때, 힘들 때, 이제 끝났다고 도망치고 싶을 때 마음속 어딘가에서 '하지만 괜찮아', '이 정도 힘들 때는 그냥 웃는 수밖

완벽하지 않은 스무 살을 위한 진짜 공부

에 없지', '그냥 잊자. 내일이 되면 기분이 나아질 거야'라고 생각하고 위로해주는 자신이 있느냐, 또는 시원하게 화내고 툭툭 털어버릴 자신이 있느냐 하는 것도 역시 롤플레이의 능력이다.

흔히들 '진정한 나는 어디에 있는 것일까'라며 '자아 찾기' 여행을 떠나는 젊은이들이 있다. 그것도 그 나름의 의미가 있지만, '진정한 자신'보다 더 중요한 것은 '또 하나의 나'를 갖는 것이다. '진정한 나'만으로 살다보면 문제가 생겼을 때 도망칠 구멍이 없는 셈이기 때문이다. '또 하나의 나'를 가지게 됨으로써 자기 자신을 학대하지 않고 좋은 의미에서 도망갈 구멍이 생긴다.

롤플레이는 좀처럼 생각대로 되지 않는 인생을 살아나갈 수 있게 하는 중요한 기술이기도 하다. 그럼 롤플레이를 몸에 익히기 위한 수업을 시작해보자.

'공평하다'는
의미

오늘 롤플레이 수업에서 연기할 역할은 특정 직업이 아니다. 우선 설명을 듣고 생각해보자.

- 어느 지역에서 대규모 자연재해가 발생했다.
- 주변의 주민에게 피난 명령이 내려지고 모두 중학교 체육관에 모였다.
- 대피소가 된 체육관에서 800명의 주민이 생활하게 되었다.
- 주민들의 대피소 생활이 1개월을 넘어서고 있다.

여러분의 역할은 그 대피소 책임자로 모두의 식사와 건강, 그리고 지원물자 관리 등을 담당하는 것이다.

어느 날 이 대피소에 자원봉사자들이 많은 양의 롤케이크를 가지고 왔다. 비상식량 위주의 대피소 생활 가운데 맛보기 힘든 대단히 고마운 지원물자였다. 롤케이크의 개수를 세어보니 700개였다. 피난주민은 800명. 모두에게 하나씩 나누어주기 위해서는 800개가 필요하다.

여기서 대피소의 책임자인 여러분은 어떻게 하겠는가? 이것은 실제로 대피소에서 있었던 일을 바탕으로 한 롤플레이다. 대피소의 분위기와 환경, 거기에 있는 사람들의 얼굴을 떠올리면서 생각해보자.

대피소의 책임자로서 생각하지 않으면 안 되는 것이 대피소 사람들이 불공평하다는 느낌을 갖게 해서는 안 된다는 것이다. 결국 어떻게 '공평'을 확보할 것인가? 가만히 있어도 스트레스가 많은 대피소 생활이므로 트러블이 생길 만한 일은 적극적으로 막지 않으면 안 된다.

앞에서 이 일은 실제로 있었던 일이라고 했다. 그러면 그 대피소의 책임자는 어떤 행동을 취했을까?

놀랍게도 책임자는 그 지원물자의 접수를 거부했다. '800명 가운데 700명만 나누어준다면 불공평하다'는 이유로 말이다. 분명 아무것도 받지 않고 아무도 먹지 않는다면 '공평'은 확보될 것이다. 그러나 이 '공평'은 누구를 행복하게 하는 것일까? 오직 책임자만이 '아무런 트러블이 생기지 않았으니 다행이다'라며 가슴을 쓸어내리고 만족하는 것은 아닐까? 나는 여러분이 이런 무사안일에 머물러 있지 않는 사람이기를 바란다. 그러니 '접수 거부' 이외의 선택지를 생각해보자.

800명이나 있는 대피소 주민 가운데는 갓난아이부터 고령의 할아버지, 할머니도 있을 것이다. 또 지병이 있는 사람이나 케이크를 싫어하는 사람, 달걀이나 유제품 알레르기를 가진 사람도 있을 것이다. 그렇다면 비록 인원수만큼의 롤케이크가 있다고 하더라도 먹지 않는 사람이 100명은 있을지도 모른다는 가정이 나온다.

그래서 처음으로 해야 할 일은 롤케이크를 먹지 않는 사람이 얼마나 되는지를 조사(손을 들도록 하는 정도로도 충분하다)한다. 아무런 조사를 하지 않고 그대로 나누어주더라도 '나는 필요 없다'고 하는 사람이 있을 수 있으므로 결국 아무런 문제가 생기지 않을지도 모른다.

다음으로 이 롤플레이를 할 때 가장 많이 나오는 대답은 '롤

완벽하지 않은 스무 살을 위한 진짜 공부

케이크를 반으로 자른다'는 것이다. 700개의 롤케이크를 반으로 자르면 1,400개가 된다. 이 정도면 전원이 공평하게 케이크를 먹을 수 있다는 것이다. 하지만 이번에는 또 다른 문제가 생긴다. 1,400개를 800명에게 나누면 600개가 남는다. 이번에는 어떻게 해야 할 것인가?

숫자에 밝은 사람이라면 이렇게 대답할 것이다. 남은 600개의 롤케이를 다시 반으로 자르면 1,200개가 된다. 그것을 800명에게 나누어주면 나머지는 400개. 이 400개를 다시 반으로 자르면 정확히 800개가 되므로 공평하게 배분하는 것이 가능하다고 말이다.

확실히 공평하기는 하지만 대단히 번거로운 작업이다. 즐겁게 나눠 먹는다는 분위기가 아니라 오히려 살벌해지는 느낌마저 들지도 모른다.

우리가 책임자라면 이렇게 상상을 해보는 건 어떨까? 대피소 생활이 한 달을 넘어가면서 모두의 스트레스가 최고조에 달했다. 주변 사람들을 생각하면 크게 소리 내서 웃거나 큰 소리로 말하기조차 힘들다. 오락이 없는 생활 속에서 마음이 건조해진 상태라고 생각해도 좋을 것이다.

그래서 대피소의 책임자로서 모두에게 오락을 제공하고자 한다. 체육관의 빈 공간을 이용해서 줄다리기나 구슬치기, 빵 먹으며 달리기라도 좋으니 모두가 큰 소리로 웃고, 응원하며 하나가 될 수 있는 이벤트를 개최하는 것이다. 공간이 없으면 가위바위보 대회라도 좋다. 경품은 롤케이크. 1등에게 세 개를 주는 방식을 취한다면 불평할 사람은 없을 것이며 오히려 즐겁게 시간을 보낼 수 있을 것이다.

아무래도 800명이라든가 700개라든가 하는 숫자가 나오면 숫자에 관한 문제라고 생각하는 사람들이 많다. 오직 하나의 '정답'을 요구하는 '정보처리능력'에 관한 문제를 대하듯이 말이다. 하지만 시대가 바뀌었고 '공평'의 의미도 바뀌었다. 단순히 '모두가 함께'만을 우선하면 롤케이크의 접수 거부 같은 본말이 전도되는 경우가 생기게 된다. 성숙사회의 출발점은 '각각 한 사람 한 사람'이다.

롤케이크를 다섯 개 또는 열 개 먹고 싶은 사람이 있는가 하면 한 조각도 먹기 싫은 사람도 있다. 그 사람들 모두가 '납득'하는 배분 방식은 어떤 것일까? 그것을 생각하는 것이 새로운 시대의 '공평'이다. 그러니 좀 더 당사자 입장에서 상상해보길 바란다.

그 자리에 있는 사람, 거기에 이르기까지의 흐름, 다양한 사실에 주목하면서 수학적인 '정답'과는 다른 모두의 마음이 흡족해 질 만한 '납·득·해'를 찾아가는 것이다. 그것이 롤플레이의 참다운 묘미라고 생각한다.

롤플레이
실전 훈련

●

●

●

이번엔 좀 더 실천적인 롤플레이를 해보도록 하자.

대학입시부터 아르바이트, 자격시험, 취직 활동이나 전직 활동 또는 결혼을 위한 맞선에 이르기까지 앞으로의 인생에서 여러분이 몇 번이나 직면하게 될 '면접'에 관한 롤플레이다. 영어나 수학의 필기시험이라면 무엇을 공부하면 좋을지 대략적으로 알 수 있다. 단어나 숙어, 공식을 외우거나 하나라도 많은 문제를 풀어서 계산력을 높이거나 하는 등 다양한 공부법이 있다. 그러나 면접이라면 무엇을 어떻게 공부해야 하는지 알 수 없다. 면접이란 것이 본래 확실한 '정답'이 있는 것도 아니고, 무엇을 가지고 합격을 판단하는지도 정확히 알지 못하기 때문이다.

그래서 많은 사람들이 매뉴얼 같은 것을 찾게 된다. 예를 들어 취직 활동 시즌이 되면 대학생들은 일제히 면접 연습을 시작한다. 학과나 동아리의 주도하에 모의면접을 보면서 면접의 매너나 포인트를 배운다. 이것도 하나의 롤플레이라고 할 수 있다.

하지만 우리 같이 생각해보자. 앞서 안경점의 접객 롤플레이를 설명할 때 '롤플레이와 연습의 차이'에 대해 이야기했다. 접객 롤플레이의 포인트는 '접객 예행'이 아니라 '고객의 입장'에 설 수 있다는 것이 가장 큰 매력이라고 말이다.

그러니까 면접 롤플레이를 할 때도 수험자 입장에서 연습하는 게 아니라 '면접관' 입장에서 해보는 롤플레이에 주력한다.

'면접관이 되었을 때 상대의 어디가 마음에 걸리는가?'

'어떤 사람에게 호감을 느끼고, 어떤 사람에게 불신을 갖게 되는가?'

'겉모습은 중요한가, 아니면 답변하는 내용이 중요한가?'

평상시에 마음속에 있었던 '면접의 수수께끼'도 자신이 면접관이 돼보면 한 번에 궁금증이 해소될 것이다. 친구들과 짝을 이루어 한 사람이 면접관, 한 사람이 수험자라는 입장에서 롤플레이를 해보라. 물론 종료 후에는 서로 입장을 바꾸어서 다시 한 번 해보는 것이 좋다.

면접 롤플레이를 할 때의 포인트는 가능한 한 진짜 면접에 가까운 환경을 갖추는 것이다. 팬터마임(대사 없이 표정과 몸짓만으로 내용을 전달하는 연극)이나 개그와 같이 아무것도 없는 곳에 노크하고 들어가는 것이 아니라 진짜 문을 노크하고 방으로 들어가는 것부터 시작한다. 그리고 면접관 역할을 맡은 사람은 책상을 앞에 두고 앉아 있고, 수험자 역할을 맡은 사람은 문 밖에 놓인 의자에 앉아 있다. 이런 작은 것부터 진짜 면접 분위기를 연출하는 것만으로도 롤플레이의 질이 크게 달라진다.

자, 이제 여러분이 면접관이 되어보자. 친구의 이름을 부른다.

"○○○씨, 들어오세요."

친구가 문을 노크하고 방으로 들어온다. 목례를 하고 의자로 다가와서 "잘 부탁드립니다"라며 인사를 한다. 그리고 의자에 앉는다. 여기서 스톱!

여기까지의 흐름을 보고 무언가 마음에 걸리는 것이 없는가? 면접이란 것은 의자에 앉아 이야기를 시작하는 것에서 스타트가 아니다. 면접관이 돼보면 알겠지만 방에 들어선 순간, 아니

노크하는 순간부터 면접은 이미 시작되고 있다는 것을 알아야 한다.

그렇다면 노크를 하고 나서 의자에 앉는 약 10초 정도의 시간 동안에 많은 것을 보지 않겠는가? 친구는 당당하고 자신감이 넘치는 모습이었나? 그렇지 않으면 안절부절못하며 불안한 모습이었나? 이 부분은 대단히 중요하므로 꼭 기억해두기를 바란다. 면접을 볼 때 좋은 인상을 주는 두 가지 요소가 있다.

첫째, '아이컨택'하라

면접관의 눈을 보며 인사할 것. 면접관의 눈을 보고 이야기할 것. '상대의 눈을 보고 이야기하세요'라는 조언을 자주 듣게 되지만 좀처럼 쉽지가 않다. 반대로 면접관의 입장이 돼보면 알게 되는 것이 상대방이 계속해서 자기만을 응시하는 것은 부자연스럽거나 유쾌하지 않다는 경우도 있다.

그래도 중요한 것은 아이컨택. 애초에 눈을 바라보고 이야기를 하는 이유는 상대방에게 무언가의 사인이나 메시지를 보내기 위해서다. 구체적으로는 다음과 같은 사인이다.

- 인사할 때 : 감사, 열의의 사인
- 면접관의 질문을 듣고 있을 때 : 진지하게 듣고 있다는 사인
- 이야기할 때 : 이것이 내 의견이라는 사인

눈을 맞추는 것이 목적이 아니라 이 사인을 보내는 것이 목적이다. 따라서 어려운 질문을 받고 '아, 글쎄요…'라고 생각할 때는 빈 공간을 바라보아도 괜찮다. 그러나 분명하게 'ㅇㅇ라고 생각합니다'라고 힘을 주어 설명할 때는 면접관의 눈을 보는 것이 좋다.

둘째, '동작'을 구분하라

이것은 문장의 구두점과 같다. 구두점이 없이 질질 늘어진 문장을 읽는 것은 어렵다. 끊어야 할 곳에 점이나 쉼표가 있음으로써 읽기도 쉽고 의미도 잘 전달된다. 사람의 동작도 마찬가지다. 방 안에 들어서면 턱을 약간 당긴 채로 앞으로 나아간 뒤 '잘 부탁드립니다'라고 인사를 하며 의자에 앉는다는 식의 동작이 연속되는 짧은 과정에서도 침착하지 않다든가 불안정한

인상을 줄 수 있다.

그러므로 자신의 동작을 머릿속에서 몇 가지로 나누어 생각해볼 필요가 있다.

- 문을 노크하고 방에 들어서면 일단 등을 펴고 정지한다.
- 확실하게 목례를 하고 앞으로 나아간다.
- 의자의 옆에 서서 다시 한 번 등을 편다.
- 명료한 목소리로 '잘 부탁드립니다'라고 인사하며 고개를 숙인다.
- 의자에 바르게 앉아 정면을 바라본다.

이렇게 각각의 동작을 구분해보면 당당하고 침착한 인상을 줄 수 있다. 그리고 질의응답에서는 부정적이고 의심하는 질문일수록 확실히 대답한다. 면접에서는 '당신의 단점은 무엇인가요?', '지금까지의 경험에서 가장 큰 실패는 무엇인가요?', '당신이 싫어하는 것을 회사에서 요구한다면 어떻게 할 건가요?'와 같은 꿈이나 희망에 대한 내용만이 아닌 답을 요구하는 경우가 많다.

이런 경우는 다소 생각할 시간을 가져도 좋으니 가능한 한

당당하고 분명하게 대답해야 한다. 시선을 떨어뜨리고 어눌한 말투로 '제 단점은… 음… 참을성이 없는 편이라…고 생각합니다'라는 식으로 대답하면 거짓말을 하고 있다는 의심을 살 수 있을 뿐 아니라 결코 좋은 인상을 주지 못한다. 실패나 좌절, 단점도 여러분을 어필할 수 있는 포인트가 된다고 생각하고 자신감 있게 대답해야 한다.

면접관의 입장이 돼보면 알겠지만 면접관도 긴장한다. '좋은 사람이 오면 좋겠다' 또는 '판단하기 어려운 사람이 오면 귀찮다'는 식으로 생각하는 면접관도 있기 마련이다. 그러므로 롤플레이를 통해 면접관의 마음속을 들여다보기를 바란다.

5
표시

답을 모두와 공유하라

: 프레젠테이션

五校時

답을 납득시키기
위한 '증명'

지금까지 시뮬레이션, 커뮤니케이션, 로지컬씽킹, 그리고 롤플레잉에 대해서 배웠다. 이 모든 것은 여러분만의 '납·득·해'를 도출하기 위한 것이었다. 사상을 관찰하고, 가설을 세우고, 그 가설을 모든 각도에서 검증한다. 이 과정이 마치 숫자의 증명 문제를 푸는 듯한 작업이었지만, 각각의 의미와 구체적인 방법에 대해서도 확실히 이해했으리라 생각한다.

하지만 아직 마지막 스텝이 남아 있다. 자기만의 납·득·해를 모두에게 통하게 만드는 것. 자신의 결론을 모든 사람이 받아들일 수 있도록 하는 것. 즉 답을 공유하는 것이다. 이 작업을 '증명'이라고 한다.

숫자에서 '정답'은 무슨 일이 있어도 '절대적인' 정답이다. 숫자가 도출한 '정답' 앞에서는 왕도, 대통령도, 아무리 위대한 인물이라도 따르지 않으면 안 된다. 무서운 독재자가 "아냐, 2 곱하기 2는 8이다!"라고 외친다 해도 국민들은 비웃을 뿐이다. 수학의 '정답'은 바꿀 수 없으며, 그렇기 때문에 '수학은 인생에 아무런 도움이 되지 않는다'라는 말은 틀린 말이다. 수학적으로 증명된 올바름은 절대적인 파워가 있으니까.

그러나 정답이 없는 세상에서 여러분이 도출한 납·득·해는 그만큼의 파워가 없다. 아무리 면밀한 검증을 거듭하더라도 그것만으로는 '개인의 의견'에 지나지 않는다. 세상에는 다양한 가치관을 가진 생각이 다른 사람들이 있기 때문이다.

디베이트나 롤플레이를 해보면 알 수 있듯이 국화를 보고 '아름답다'고 생각하는 사람도 있지만, 제단이나 장례식을 떠올리면서 '불길하다'고 여기는 사람도 있다. 여러분도 친구가 좋아하는 아이돌이나 배우 이야기를 할 때 '그런 사람 어디가 좋은 거야?'라고 이상하게 생각하는 경우도 있지 않은가? 비록 여러분이 좋아하지 않아도 친구에게는 최고로 매력적인 스타인

것이다.

그러면 여러분이 도출한 '납·득·해'를 주변 사람들에게 이해시키기 위해서는 어떻게 해야 할까?

수학에서 말하는 '정답'이 아니기 때문에 '이것이 최종적인 답이야. 올바른 정답이야'라고 강조해도 대부분의 사람들은 납득할 수 없다. 그래서 여러분이 직접 그 올바름을 증명해야 한다. 게다가 세상에는 여러분과 완전히 다른 답을 제시하는 사람도 있을 수 있다.

햄버거가게를 차릴 장소에 대해 여러분이 '상점가'라고 결론을 내려도 다른 누군가는 '큰길 사거리'라고 할 수 있다. 여러분은 그러한 이견의 라이벌들에 둘러싸여 있기 때문에 자신의 '납·득·해'를 보다 많은 사람에게 이해시키고 신임을 얻을 필요가 있다.

모든 일은
프레젠테이션이다

●

●

●

　어떻게 다른 사람의 신임을 얻을 것인가? 지금 비즈니스 현장에서 일어나고 있는 것 대부분이 '타인으로부터 신임을 받는 것'이다. 비즈니스에도 절대적인 정답은 존재하지 않는다.

　여러분에게 가장 익숙한 이야기로 하자면 기업이 신입사원을 뽑을 때 많은 응모자 가운데 누구를 채용할 것인가에 대한 '정답' 따위는 인사 담당자도 알 수 없다. 엄청난 기대를 하며 채용한 신입사원이 지각이나 무단결근을 반복하는 트러블메이커일 수도 있고, 누구도 기대하지 않았던 신입사원이 수년 후에 회사

완벽하지 않은 스무 살을 위한 진짜 공부

의 에이스가 되기도 한다. 이것은 함께 일을 해보지 않으면 알 수 없다. 겨우 몇 십 분에 불과한 면접으로 사람의 모든 면을 꿰뚫어보기란 불가능하기 때문이다.

어느 입사 면접에서 한 응시자가 자신을 이렇게 소개했다고 하자.

"저는 학창 시절에 농구부의 캡틴으로서 이러이러한 리더십을 발휘해왔습니다. 제가 귀사에 입사하게 된다면 캡틴 시절의 경험을 바탕으로 팀플레이 정신을 되새겨 책임감을 가지고 업무에 임하겠습니다."

자기 PR로 어떠한가? 운동부의 캡틴이었다고 해서 리더십이 있다고 보장할 수 있을까? 과거 경험을 바탕으로 책임감이 있는지를 알 수 있을까? 여기에서 언급된 모든 단어는 '가설'일 뿐이다.

그렇지만 여러분은 자신의 '가설'을 재미있고 설득력 있게 설명함으로써, 상대에게 '과연 그렇구나' 하고 이해시킬 수 있고, 동의를 얻어내어 상대를 내 편으로 만들 수 있는 능력이 필요하다.

이것을 비즈니스에서 '프레젠테이션 능력'이라고 한다. 면접에서 보이는 자기 PR이나 세일즈맨의 영업 멘트, 정치가의 선거 연설도 모두 프레젠테이션이다. 자신의 '가설 = 납·득·해'를 소개하여 공감을 얻고 신뢰하도록 함으로써 신임을 얻는 행위다.

예전에 어느 만화가가 재미있는 이야기를 했다. 그의 말에 따르면 만화의 1편은 독자에 대한 프레젠테이션이라고 한다. 앞으로 새로 시작하는 연재는 어떤 무대에서 어떤 주인공이 어떤 적들과 만나 어떤 위기를 겪게 될 것인가라는 것을 꼼꼼하게 설명한다. 그리고 마지막 페이지에 놀라운 전개를 준비해서 '어떻습니까, 여러분. 다음 주에도 보고 싶지 않나요?'라고 묻는다. 결국 이 프레젠테이션에 성공한 만화가 독자들의 지지를 받아서 인기 만화로 성장해간다.

그렇게 생각하면 좋아하는 사람에게 사귀자고 고백하거나 프러포즈하는 것도 일종의 프레젠테이션이라고 할 수 있다. 프레젠테이션 능력의 유무는 여러분의 인생을 크게 바꾼다. 반드시 프레젠테이션을 할 수 있는 사람, 다른 사람을 내 편으로 만들 수 있는 사람이 되길 바란다.

완벽하지 않은 스무 살을 위한 진짜 공부

프레젠테이션에서
가장 중요한 것

"프레젠테이션에서 가장 중요한 포인트는 무엇입니까?"

만약 여러분이 이런 질문을 한다면 나는 이렇게 대답하겠다.

"지금까지 설명한 모든 것입니다."

왠지 모르게 얼버무린다고 느낄지 모르겠지만, 이것은 사실이다. 프레젠테이션은 총력전이다. 지금까지 설명한 '시뮬레이션', '커뮤니케이션', '로지컬씽킹', '롤플레잉'의 모든 것이 필요하다.

예를 들어 여러분이 취직 면접시험을 볼 때 면접관은 여러분이 어떤 사람이고 이 회사와 어느 정도 맞는지에 대해 거의 아무엇도 모른다. 그래서 여러분은 '나는 어떤 사람인가', '장점은 무엇이고, 단점은 무엇인가', '지원한 회사는 나에게 어떤 회사인가', '나는 어떤 일을 잘할 수 있는가'와 같은 정보를 정성으로 수집하여 어느 하나 빠진 것 없이 준비해야 한다. 이것이 시뮬레이션 영역이다.

이어서 면접에서 당당하게 자신의 의견을 이야기하고, 면접관의 질문에 진지하게 귀를 기울이며 정확한 답변을 한다. 이것이 어렵다면 아무리 학력이 좋고 필기시험 점수가 좋아도 면접을 통과하기 어려울 수밖에 없다. 이것이 커뮤니케이션 영역이다.

게다가 면접은 '열의'나 '의지'만으로는 될 수 없기 때문에 자신의 장점이나 미래에 대한 꿈을 얼마나 논리적으로 설명할 수 있는지, 또 면접관이 던진 당돌한 질문에서 어떻게 재빨리 납·득·해를 도출하고, 그것을 언어로 설명할 수 있는지에 대한 능력이 로지컬씽킹의 영역에 들어간다.

그리고 마지막으로 롤플레잉을 해야 하는데, 면접 중에는 좋은 의미에서 연기력을 필요로 한다. 활기, 젊음, 청결함, 그리고 약간의 재치를 가미해 상대가 어떤 인물을 원하고 있는가에 따라서 그에 맞춘 역할을 연기하지 않으면 안 된다.

이렇게 생각해보면 면접에는 1교시부터 4교시까지 배운 모든 것이 필요하다는 것을 알게 된다. 물론 이것은 면접에 국한된 이야기가 아니라 모든 타입의 프레젠테이션 상황에 적용된다.

　미국의 대통령선거를 예로 들어보자. 각 후보들의 선거 연설을 체크해보라. 그들은 완벽하게 '시뮬레이션', '커뮤니케이션', '로지컬씽킹', '롤플레이'를 겸비한 연설을 하고 있다. 미소 띤 얼굴에서부터 몸짓이나 손짓에 이르기까지 할리우드 배우에 뒤지지 않는 연기를 보여준다.

'나는 어떠한 인간인가?'

'지금 미국은 어떤 문제가 있는가?'

'나는 그 문제에 어떤 해결책을 가지고 있는가?'

'내가 제시하는 해결책에 따라서 국민의 삶은 어떻게 달라지는가?'

'국민은 무엇을 선택해야만 하는가?'

이런 포인트를 확실히 전달하는 연설을 하고 있다. 인종이나 민족, 종교도 다양한 미국에서는 동양 특유의 '이심전심' 같은 가치관이 없다. 모든 것을 언어로 전달하여 신임을 얻는다는 적극적인 커뮤니케이션의 문화가 착실하게 뿌리내리고 있는 것이다. 그래서 미국은 TED^{Technology, Entertainment, Design}(미국의 비영리

재단에서 운영하는 강연회)에서 보는 바와 같이 프레젠테이션 강국
이기도 하다. 요즘은 TED나 인터넷, 스마트폰을 통해 양질의 좋
은 프레젠테이션을 쉽게 접할 수 있으니까 직접 찾아보고 경험
해보기 바란다.

완벽하지 않은 스무 살을 위한 진짜 공부

스토리는
사람의 마음을
움직인다

●

●

●

정치가나 대통령의 선거 연설뿐만 아니라 좀 더 가까운 일상에서도 얼마든지 프레젠테이션을 찾아볼 수 있다.

예를 들면 초등학교 시절에 조회나 종업식, 방학식 등이 있는 날이면 전교 학생들이 모여 '교장 선생님 훈화 말씀'을 듣는 시간이 있었다. 여러분은 초등학교 때부터 고등학교 때까지 그렇게 무수히 많이 들었던 교장 선생님의 훈화 중에 지금까지 기억하고 있는 것이 있는가? 그날의 분위기나 재밌었던 상황 말고는 아마 대부분 기억하지 못할 것이다.

교장을 지낸 사람으로서 분명히 말해두고 싶은데, 이것은 여러분의 기억력에 문제가 있는 것이 아니라 교장 선생님의 프레젠테이션에 문제가 있기 때문이다. 교장 선생님뿐만 아니라 프레젠테이션이나 스피치가 약한 사람일수록 매뉴얼에 의지하기 마련이다. 결국 모범답안에 의존하는 것이다.

'전임 교장 선생님은 이런 이야기를 했었구나. 내용도 좋으니까 나도 이 이야기를 해야지.'
'결혼식의 주례사라면 이것이 정석이지. 주례사 모음집에도 실려 있고, 이대로 이야기하자.'

이렇게 해서 자신의 언어로 이야기하는 것이 아니라 빌린 인사말로 그 자리를 메운다. 그렇기 때문에 누구의 마음도 움직이지 못하고 누구의 기억에도 남지 않는 것이다.

만약 이 책을 다 읽고 책장을 덮었을 때 여러분의 마음에 아무것도 남지 않는다면 그것은 내 프레젠테이션 능력이 부족한 것이다. 책을 통해서 메시지를 전달하는 것도 하나의 프레젠테이션이니까.

그런데 여기서 중요한 한 가지를 추가하지 않으면 아무도 여러분의 이야기를 들어주지 않을 것이다. 모처럼 도출한 '납·득·해' 가 공유되지 않고 그대로 묻혀버린다는 말이다.

그럼 무엇이 필요할까? 앞서 얘기한 네 가지 능력 외에 프레젠테이션에 없어서는 안 될 마지막 요소는 바로 '스토리'다. 아무리 세세하게 시뮬레이션을 하고 커뮤니케이션 능력이 뛰어나고 논리 정연한 로지컬씽킹을 가지고 좋은 이미지를 전달하는 연기력이 있다고 하더라도, 거기에 매력적인 스토리가 없으면 사람들은 이야기에 귀 기울이지 않는다.

스토리라고 해서 옛날이야기와 같은 이야기를 만들라는 것이 아니다. 예를 들면 유명한 스토리의 전형으로 알려진 '기승전결', 이야기를 시작하는 '기', 이야기를 앞으로 진행하는 '승', 이야기의 흐름을 돌려 전환하는 '전', 그리고 어떤 식의 결말에 이르는 '결'로 이야기를 구성하는 방법이다. 흔히 신문의 4컷 만화에서 접할 수 있는 형식이기도 하다.

또는 논리적인 화법에서 설명했듯이, '저는 ○○라고 생각합니다. 그 이유는 세 가지입니다. 첫 번째는~, 두 번째는~'이라는 식으로 결론을 먼저 말하고 그 이유를 열거하는 방법도 있다.

그 외에도 텔레비전을 한참 재밌게 보고 있는데 '광고 후 이어집니다', '60초 후에 공개합니다'와 같은 자막과 함께 광고가 흘러나오는 것을 많이 봤을 것이다. 그런 이야기를 들으면 무의식적으로 이어서 보고 싶어진다. 처음엔 애가 타고 약이 오르는 듯해서 불쾌해지면서도 역시 그다음이 궁금해지고 보고 싶어진다. 이런 것들도 넓은 의미에서 스토리의 힘이다.

듣는 쪽이 '그게 뭐야?'라고 놀라는 것. 또는 '자세히 듣고 싶어', '더 얘기해줘'라고 조바심을 내는 것. 나아가 '그래서 어떻게 됐어?'라고 설레게 하는 것. 이러한 구성이나 전개상의 수단을 여기서는 스토리라고 부른다.

재미있는
프레젠테이션
만들기

스토리가 있는 프레젠테이션을 만드는 방법에 대해 구체적으로 살펴보기로 하자.

예를 들면 '상점가에 햄버거가게를 연다'는 이야기를 프레젠테이션을 할 때, 줄줄이 이유를 늘어놓고 '그래서 상점가에 출점하는 것이 좋다고 생각합니다'라고 마무리해서는 상대방이 쉽게 동의하거나 응원할 리 없다. 그럼 이런 느낌으로 이야기해보면 어떨까?

"햄버거가게라고 하면 등하교하는 학생이나 출퇴근하는 사람들이 많은 역 근처에 개업하는 것이 상식입니다. 그러나 저는 이 상식에 의문을 가지고 일부러 다른 장소에 열기로 결정했습니다. 그 장소는 ○○상점가입니다."

프레젠테이션이 이제 막 시작되는 부분이지만 이것만으로도 '응? 왜? ○○상점가 어디가 좋은 거야?'라는 마음이 생기지 않는가? 적어도 어떤 지론인지 들어보고 싶다는 생각이 들기 마련이다.

또는 이런 식의 도입도 생각해볼 수 있다.

"이번에 역에 개업하는 것이 불가능하다는 이야기를 들었을 때 저는 절망적인 기분이 되었습니다. 역 이외에는 개업하더라도 실패할 것이라고 생각했기 때문입니다. 그러나 불가능한 것은 어쩔 수 없습니다. 다른 가능한 곳이 있는가를 모든 각도에서 시뮬레이션을 해보았습니다. 인구, 교통량, 고객층, 그리고 경쟁 가게. 그 결과 놀라운 사실을 알게 되었습니다. 이 마을에는 역에 필적하는 가능성을 가진 곳이 있었습니다. 그곳은… ○○상점가입니다!"

조금 연기가 심하다고 생각할지도 모르겠지만, 뛰어난 비즈니스맨이라면 이 정도의 프레젠테이션은 가능하다. 사실로써 서술하고 있는 것은 '역이 아닌 상점가에 개업하기로 하였다'는 것뿐이다. 하지만 거기에 도달하는 스토리를 변화시킴으로써 이렇게 다른 인상을 줄 수 있다.

소설, 영화, 음악 또는 만화, 게임, 개그 등의 스토리를 만드는 데 교과서가 되는 것은 엔터테인먼트의 세계에서 많이 볼 수 있다. 앞으로 재미있는 엔터테인먼트를 만났을 때에는 단순히 '재미있다'로 끝내는 것이 아니라 '왜 내가 재미있다고 느꼈는가?', '어떠한 장치가 웃음 코드를 작동했는가?'를 생각해보는 습관을 가져보길 바란다.

그러면 15초 동안의 텔레비전 광고도, 아무 생각 없이 보던 만화 영화도 상당하고 치밀한 계산에서 디자인된 것임을 알 수 있다.

공부보다
앞에 있는 것

●

●

●

수업에 들어가기 전에 0교시 수업을 떠올려보자. 0교시에 나는 기존의 '공부'만으로는 통하지 않는 시대가 되었다고 했다. 그 이유는 '모두 함께'라는 성장사회에서 발전하여 현재는 '각각 한 사람 한 사람'이라는 성숙사회로 변화했다는 것과 성숙사회로 돌입하며 세상에서 '정답'이 사라졌다는 것. 그래서 다른 사람의 생각이나 정해진 답이 아닌 자신만의 '납·득·해'가 필요하다는 것을 말했다. 이것에 대해서는 반복적으로 설명했으므로 기억하고 있으리라 생각한다.

완벽하지 않은 스무 살을 위한 진짜 공부

그리고 또 하나 여러분이 '공부'에 대한 생각을 바꿔야만 하는 커다란 이유가 있다.

예를 들면 '공부한다'라는 단어를 들었을 때 여러분은 어떤 영상을 떠올리는가? 대부분의 사람이 '책상에 앉아 참고서를 읽거나 문제집을 푸는 모습'을 떠올리지 않을까? 공부란 책상 앞에 앉아서 우직하게 혼자서 하는 것. 그리고 문제란 다른 누구의 도움도 빌리지 않고 혼자서 풀어가는 것. 그런 이미지가 강하지 않는가?

하지만 사회에 나오면 전혀 다른 양상을 발견하게 된다. 2교시 커뮤니케이션수업에서 이야기한 바와 같이 사회에 나와서는 '혼자서' 하는 일이란 하나도 없다. 모든 회사 업무는 '협업'이다. 상사나 동료는 물론 거래처나 관계자 등 다양한 사람들과 협력이나 합의가 이뤄져야 업무를 진행할 수 있다. 이 점이 대단히 중요하다.

혼자 책상에 앉아 문제를 풀고, 자기 혼자서 좋은 점수를 받고, 그래서 주변의 인정을 받는 것은 학생일 때만 가능한 이야기다. 그래서 요즘 기업이 인재를 채용할 때에 학력이나 필기시험으로만 판단하는 것이 아니라 발표나 집단 토론 같은 심층면접이나 인적성검사를 겸한다. 그 사람의 역량이나 우수함도 중요하지만 그 사람과 함께 일하고 싶은가, 우리 회사와 잘 어울릴 것인가를 우선하기 때문이다.

만약 여러분이 성적이 우수한 우등생이라면 특히 조심하기 바란다. 시험공부의 연장선에서 혼자 이를 갈며 일에 몰두해도 그것이 큰 성과로 이어지지 않는다. 그렇게 해서는 결코 사람을 움직일 수 없고, 세상 또한 움직일 수 없다.

다른 사람에게 상담하는 것, 다른 사람에게 알려주는 것, 다른 사람과 의견을 교환하는 것, 다른 사람의 이해를 구하는 노력을 하는 것 등 결국 모두와 협력함으로써 일이 이뤄지고, 사회인으로서 여러분도 성장하게 된다.

5교시의 테마인 '납·득·해'를 공유하자는 이야기도 마찬가지다. 여러분 혼자서 '이것이 정답이다. 이것이 옳다'라고 생각해도 그것만으로는 누구도 따라주지 않는다. 무언가 하고 싶은 일이 있고 실현하고자 하는 꿈이 있다면, 가슴속에 묻어두는 것이 아니라 많은 사람에게 이야기하자. 나에게는 이런 아이디어가 있다, 이런 것을 하고 싶다, 이런 꿈을 가지고 있다고 이야기하는 것이 그것을 실현하는 데 더욱 좋은 원동력이 될 것이다.

그리고 많은 사람과 함께 해나간다. 혼자 생각하는 동안에는 '꿈'이었던 것도 동료와 함께 공유하면 '목표'로 바뀌는 법이니까. 프레젠테이션 능력은 '타인을 동료로 만드는 힘'이다. 앞으로의 인생은 이 수업에서 배운 포인트를 생각하면서 많은 사람들을 동료로, 내 편으로 만들어가기 바란다.

'나'라는 상품을
프레젠테이션 하자
① 기초편

실제 프레젠테이션 연습을 해보자. 특별히 준비할 것도 조사할 필요도 없다. 그저 도전하기만 해도 좋다. 이번에 프레젠테이션 할 테마는 '자신'이라는 상품이다.

프레젠테이션은 자신의 생각이나 가설을 설득력 있게 설명하여 상대를 내 편으로 만드는 능력이라고 설명했다. 그럼 본론으로 들어가기 전에 왜 '나라는 상품'인가, 왜 '상품'이라고 부르는가에 대해 간단하게 설명하겠다. 비즈니스 현장에서 프레젠테이션 할 때 프레젠테이션 하는 대상은 크게 두 가지로 나뉜다.

첫째, 아이디어

가장 알기 쉽게 말하면 기획회의를 들 수 있다. '이런 신상품을 만듭시다'라든가 '이런 광고를 만듭시다'라든가 출판사라면 '이런 책을 내봅시다'라는 식이다. 자신의 아이디어가 얼마나 훌륭한 것인가, 얼마나 참신한 것인가 또는 어느 정도 견고하고 위험부담이 낮은가에 대해 충분하게 설명한다.

둘째, 물건

이것의 대표적인 장면이 신상품 발표회다. 자동차 회사에서 새로운 자동차를 만들었을 때, 가전제품 회사에서 새로운 컴퓨터를 만들었을 때, 게임 회사가 새로운 게임을 만들었을 때 매스컴 관계자들을 모아놓고 발표회를 개최한다. 그리고 이 상품이 얼마나 멋있는지, 지금까지의 상품과 어디가 어떻게 다른지, 어떤 사람들에게 도움이 되는지, 개발 비화나 판매 스케줄까지 모든 것을 현장감 있게 설명한다.

이번에 여러분이 하게 될 프레젠테이션은 후자인 상품이다. 자신이라는 인간을 마치 신상품으로 가정해서 생각해보자.

커다란 회의실의 문이 열린다. 방 안에는 긴 테이블이 놓여 있고 심각한 얼굴을 한 양복 차림의 중년 남성들이 앉아 있다. 둘러보아도 오늘 처음 보는 얼굴들뿐이다. 여러분은 지금부터 '자신'에 대해 프레젠테이션을 한다. 자신에게는 어떤 매력이 있고, 어떤 도움을 줄 수 있으며, 주위로부터 얼마나 신뢰받고 있는가 등을 프레젠테이션 해야 한다.

그렇다면 회의실 안으로 들어선 여러분은 첫마디로 뭐라고 말할 것인가?

"처음 뵙겠습니다. 저는 ○○○입니다."

이런 식이라면 회의실에 있는 중년 남자들은 '어느 부서?'라고 생각할지 모른다. 그리고 아마도 여러분의 이름을 알지도 못할 것이다. 자기소개로부터 시작하는 것도 좋지만 확실히 이름만을 말하는 것은 정보가 부족하고 뭔가 불친절하다.

그러면 어떻게 하면 좋을까?

나는 거의 항상 이렇게 소개하고 있다.

"얼굴을 보면 아시겠습니다만, 교육계의 사다 마사시입니다."

'사다 마사시'는 일본의 유명 가수인데 얼굴이 꽤 닮았다는 이야기를 자주 들었다. 그래서 인사말로 자주 애용하는데, 회의실에 있는 중년 남성들이라면 모두 알 만한 가수이기 때문에 친근하게 다가갈 수 있다. 물론 이 방법은 한계가 있어서 중년 가수를 잘 모르는 외국인이나 어린 친구들에게 인사할 때에는 전혀 통하지 않을 것이다.

여기서는 상대방과 나 사이의 공통점은 무엇이 있을까를 순간적으로 간파하는 것이 중요하다. 공통의 화제를 찾아낸다. 공유하고 있는 지식이나 경험, 가치관, 언어, 문화, 습관 등과 같은 다양한 것들이 있을 수 있다. 여기에서 벗어난 이야기를 하면 상대방에게 자신의 뜻을 제대로 전달하기 어렵다.

어떤 가구 회사가 온라인 판매를 하기 위해 인터넷 관련 업체를 선정하고 미팅을 잡았다. 인터넷 서비스 기업의 담당자가 와서 "저희 서비스를 사용하면 이렇게 편리합니다"라며 프레젠테이션을 시작했다. 그런데 설명 가운데 IT 전문용어가 너무 많아서 가구업체 사장은 무슨 말인지 잘 이해하지 못했다. 결국 열심히 준비한 프레젠테이션의 내용이 좋았는데도 '뭔가 어렵네. 무슨 말인지 모르겠어'라는 이유로 다른 인터넷 업체에 연락했다.

위 이야기는 비즈니스 프레젠테이션에서는 흔히 볼 수 있는 실패 사례다. 일상에서 여러분도 나이 많은 어른이나 아이들과 대화할 때 뭔가 이야기가 잘 통하지 않아서 답답함을 느낀 적이 있을 것이다. 프레젠테이션의 원칙, 그리고 커뮤니케이션의 대원칙은 바로 '상대방에게 통하는 언어'로 전달하는 것이다.

자신이 이야기하려는 테마에 관해 상대가 어느 정도의 지식을 가지고 있는가에 대해 충분한 배려가 이뤄져야 한다. 이를 고려할 때는 상대방의 나이나 성별, 직업, 복장 등에서 많은 힌트를 얻을 수 있다. 기본 중의 기본이지만, 자신도 모르게 '자신들만이 아는 용어'를 사용하는 사람들이 대단히 많다는 것에 꼭 주의하기 바란다.

'나'라는 상품을
프레젠테이션 하자
② 도입편

앞장에서 내 소개를 할 때 왜 "교육계의 사다 마사시입니다"라고 인사했는지 아직도 의문을 가지는 사람이 있을 것이다. 일반적으로 "리쿠르트 출신으로 2008년까지 스기나미 구립 와다 중학교에서 교장으로 근무한 후지하라 가즈히로입니다"와 같은 방식으로 자기소개를 하니까. 이 방식은 일반적인 자리에서 대부분 잘 통하는 화법이긴 하다.

하지만 여기서 잠깐 롤플레잉 수업을 떠올려주기 바란다. 방 안에 들어선 남자가 갑자기 이런 식의 딱딱한 인사를 하면 여러분은 어떤 느낌이 들겠는가? 나 같으면 왠지 똑바로 앉아야 할 것 같고 긴장감이 든다. '뭐지, 이 사람은? 반듯한 게 아무래도 비즈니스 냄새가 많이 나네. 뭘 팔려고 그러지?'와 같은 느낌이랄까.

프레젠테이션이란 상대방을 내 편으로 만드는 행위라고 했다. 내 편으로 만들어야 하는데 내가 파이팅 포즈를 취하고 있다면 상대방은 방어태세를 갖출 것이다. 정말로 상대를 내 편으로 만들고 싶다면 우선 '나는 당신의 적이 아니다'라는 사인을 보내지 않으면 안 된다. 프레젠테이션의 본론에 들어가기 전에 말이다.

따라서 프레젠테이션에서는 '이완'이 중요하다. 무대에 등장한 개그맨들이 개그를 시작하기 전에 '바람잡이'들이 올라와서 분위기를 잡는다. 그다지 재미있는 내용이 아니더라도 한 번의 웃음이 터지면 그 순간에 회장의 분위기가 단박에 밝아진다. 그렇게 해서 개그맨이나 관객이 즐겁게 개그의 세계로 들어갈 수 있는 것이다.

스포츠 세계에도 시합 전에 시구식이나 구단 마스코트의 쇼타임이 있다. 경기의 기대감을 증폭시키기 위한 밴드음악이나 응원단도 있다. 영화관에서도 본 영화를 시작하기 전에 예고편을 틀어서 분위기를 고조시킨다. 모두가 분위기를 '이완'하려는 시도라고 볼 수 있다.

프레젠테이션에서도 무언가 본론을 드러내기 위해서는 분위기를 이끌 만한 '이완'이 반드시 필요하다. 만약 희귀한 이름을 가지고 있다면 이름을 가지고 이야기를 풀어가도 좋을 것이고, 특이한 경험이나 이력이 있다면 짧고 재치 있게 소개해도 좋을 것이다.

면접관 롤플레이에서 배운 바와 같이 자신이 긴장하고 있을 때는 상대방도 조금은 긴장하고 있다. 상대의 경계심을 풀어주는 '이완' 역할을 위해서는 상황 · 장소에 따라 다양한 패턴을 사용하기 바란다.

'나'라는 상품을
프레젠테이션 하자
③ 관계 구축편

프레젠테이션에서도 개그와 같은 '이완'이 필요하다는 것은 의외의 이야기라고 느꼈을지도 모르겠다. 실제 프레젠테이션이나 스피치에서는 처음에 가벼운 조크를 통해 분위기를 이완시킨 이후에 본론에 들어가는 경우가 많다. 그렇게 함으로써 '이 사람은 유연하고 여유가 있구나'라는 평가를 받게 된다.

하지만 처음 만난 사람을 웃기는 것은 쉽지 않은 일이다. 만약 웃기지 못하면 어떻게 하나 하는 불안이 앞서기 때문에 좀처럼 그런 말을 하지 못하는 사람들도 많다. 그런데 그것은 여러분이

완벽하지 않은 스무 살을 위한 진짜 공부

가지고 있는 성실성이나 진지함 같은 소중한 개성일지도 모른다. 무리한 조크를 남발하기보다는 자신의 캐릭터를 살리는 것이 좋다. 어차피 상대방이 알고 싶어 하는 것은 '이 사람은 정말로 믿을 수 있는 사람인가?'이니까.

다른 사람들 앞에 서서 이야기하는 것이 어려운 사람일수록 의식해야 하는 포인트가 있다. 그것은 일부러 약점을 '노출'하는 것이다. 실패담이라든가 좌절한 경험, 콤플렉스 등 감추고 싶고 드러내고 싶지 않은 이야기를 일부러 앞에 내세운다. 물론 심각하고 진지하게 하는 것이 아니라 가벼운 느낌으로 말이다. 혹시나 그렇게 했다가 비웃음을 당하거나 바보 취급을 당할까 걱정인가?

개중에는 그런 사람도 있을지 모른다. 그런데 친구가 '숨기고 싶은 이야기'를 여러분에게 털어놓았을 때 어떤 생각을 하게 되는가? '아, 이 친구가 나를 믿는구나'라고 생각하지 않는가?

사람은 누구나 잘 보이고 싶다든가, 똑똑하게 보이고 싶다든가, 자신의 치부를 감추고자 하는 마음이 있다. 정도의 차이는 있겠지만 나도 그런 마음이 있고 여러분도 마찬가지일 것이다. 하지만 그런 생각에만 얽매어 있다 보면 사람들은 마음을 닫고 경계심을 갖게 된다. 상대방 입장에서는 좀처럼 진심을 보여주지 않고 숨기는 것이 많은 사람으로 보이기 때문이다.

스스로에게 갇힌 마음의 틀을 깨기 위해서라도 적극적으로 좌절이나 실패한 경험을 이야기할 수 있는 사람이 되기 바란다.

나는 어린 시절부터 수영을 잘 못했다. 초등학교 시절에는 맥주병이라는 별명을 얻을 정도였다. 친구들이 유유히 수영을 하고 있는 동안에 나는 고작 4~5미터 정도 가다가 발을 바닥에 대기 일쑤였다. 6학년이 되어도 상황은 마찬가지였다.

그러다 6학년 체육시간에 수영 능력을 측정하게 되었다. 학급 친구들이 모두 바라보고 있는 가운데, 특히 좋아하던 여학생이 보고 있어서 중간에 수영을 포기하는 흉한 모습은 보여주고 싶지 않았다. 어떻게 하면 끊지 않고 25미터를 헤엄칠 수 있을까 고민했다.

그래서 나온 결론이 해본 적도 없는 배영이었다. 나 나름의 이유는 있었다. 내가 하는 수영 방식은 숨쉬기에 문제가 있었다. 물이 얼굴에 튀는 것이 싫어서 숨을 참다가 '더 이상은 무리야!'라고 생각되는 순간 얼굴을 위로 들어올려 숨을 쉬려고 하니 저절로 발이 땅에 닿았던 것이다.

내 가설은 '어쩌면 크롤Crawl(수영법의 하나로 자유형이라고도 한다-옮긴이)이라는 영법이 나와 맞지 않는 게 아닐까?'라는 것이었다. 그래서 배영을 하기로 했다. 배영이라면 계속해서 얼굴이 물 밖에 나와 있으니까 숨쉬기도 편할 것이고, 내가 생각해도 상당히 좋은 아이디어라고 생각했다.

그런데 정작 내 차례가 되어 팔다리를 저어가면서 수영을 하는데 쉽지가 않았다. 얼굴에 물이 튀기는 마찬가지였고, 코로도 물이 들어오고, 크롤보다도 더 어려웠다. 하는 수 없이 눈을 감고 무아지경으로 팔다리를 내저었다. 그러다 보니 어느새 손가락이 콘크리트 벽에 닿았다. '와… 처음으로 25미터를 수영했다구!'라며 기뻐서 눈을 떴다. 그런데 웬걸, 출발할 때의 지점으로 되돌아온 것이다. 눈을 감은 채로 수영하고 있으니 빙빙 돌다 제자리로 돌아온 것도 모른 채…. 이날 반 친구들이 얼마나 웃었는지 모른다.

이 이야기에는 분명한 결말이 있다. 수영을 잘 못하는 그대로 고등학생이 되어 벽장을 정리할 때의 일이었다. 벽장 안에서 어머니가 내가 다니던 유치원 선생님과 연락을 주고받던 가정통신문이 나왔다. 열어보니 "우리 아이는 세 살 때 가마쿠라의 바닷가에서 큰 파도를 맞은 이후 물을 두려워합니다"라고 쓰여 있었다. 정말 깜짝 놀랐다. 내 기억에서는 완전히 사라진 사건이었고, 부모님으로부터 들은 적도 없는 이야기였다.

이날 이후로 물에 대한 공포심이 사라졌고 수영을 할 수 있게 되었다. 물론 지금도 수영이 특기라고는 할 수 없고 좋아하지도 않지만, 다만 수영을 할 수 있게 되었다는 사실이 내게는 대단히 큰일이 아닐 수 없다.

나는 이외에도 실패나 좌절, 콤플렉스와 관련된 이야기를 많이 가지고 있다. 앞서 0교시 수업에서 르나르의 《홍당무》와 헤세의 《수레바퀴 밑에서》 때문에 내가 독서를 싫어하게 되었다는 이야기를 했었다. 이것도 실패담이라고 할까? 좌절의 기억이기도 하다. 30세에 발병한 메니에르 증후군의 이야기도 그렇다. 그리고 또 나는 지금도 콘택트렌즈가 겁이 나서 렌즈를 끼지 못한다. 웃기는 이야기지 않은가?

여기서 중요한 것은 진지하고 무거운 이야기일수록 밝은 표정으로 이야기해야 한다는 것이다. 어둡고 심각한 얼굴을 하고 좌절이나 실패담을 이야기하면 상대방은 어떻게 반응해야 할지 난감해진다. 밝은 표정으로 가볍게 이야기하기 때문에 '아, 저 사람은 이미 극복한 것이구나'라고 안심하게 되는 것이다.

어떻게 하면 밝은 표정으로 이야기할 수 있을까? 그것은 연습하는 것 외에 방법이 없다. 특히 자신의 실패나 좌절 경험이나 콤플렉스에 관해 종이에 적어두는 것도 좋다. 하나의 에피소드

216
완벽하지 않은 스무 살을 위한 진짜 공부

에 대해 A4용지의 반 페이지에서 한 페이지 정도 분량으로 작성하고 제목을 붙인다. 내 경우를 예로 들면 '배영과 유턴 사건'이라든가 '지겨운 독서 사건'과 같이 재미있는 제목을 붙이는 것이다.

자신의 이야기를 문장으로 써보고 다 적은 뒤에는 읽어보라. 그 정도의 양이라면 3분 정도의 스피치가 될 것이다. 소리 내어 읽어봐서 이상한 곳은 다시 쓰고 또 읽어보며 반복하다 보면 어느새 자신을 나타내는 자기소개서가 된다.

또한 종이에 직접 적거나 타이핑하는 동안에 좌절이나 콤플렉스에 대한 생각의 변화가 생기기도 한다. 가능하면 이 3분 스피치 원고를 머릿속에 항상 몇 가지는 기억해두는 것이 좋다. 분명 자라온 시간만큼 소재는 얼마든지 있으니까 생각을 떠올려보기 바란다.

대학교 때부터 해봐서 잘 알겠지만 프레젠테이션은 생각 이상으로 어렵다. 그도 그런 것이 일반적인 커뮤니케이션과 달리 '대화'가 안 되기 때문이다. 역시 프레젠테이션이라는 것은 상대에게 자신의 이야기를 어필하는 일방통행과 같은 커뮤니케이션이니까. 일상의 커뮤니케이션은 말을 주고받는 가운데 거리를 좁히고 조금씩 서로를 받아들이게 되는 것이지만, 프레젠테이션은 불가능하다.

결국 일발의 승부로 속내를 드러내는 수밖에 없고 방법은 하나뿐이다. 이미 말한 것처럼 자신의 결점을 숨기지 않고 거짓 없이 있는 그대로의 모습을 보여주는 것이다. 조금 창피한 일이나 부족한 면도 모두 보여준다. 착한 아이의 가면을 쓰고 있는 동안에는 그 누구의 신뢰도 받을 수 없고, 누구도 내 편이 돼주지 않는다. 그리고 가면을 쓰는 게 익숙해지면 오히려 가면을 벗는 게 더욱 두려워지고 자신의 진짜 모습을 잊게 된다.

있는 그대로의 자신으로 승부한다는 것은 여러분 자신의 '삶의 방식'을 묻는 것과 같다. 그래서 기존의 '공부'가 여러분의 삶에 큰 도움이 되지 않는다는 것은 당연한 이유다.

자신의 손으로
만들어야 하는 것

　이것으로 모든 수업이 끝났다. 지금 여러분의 머릿속은 매우 피곤할 것이다. 그러나 마지막으로 하나 더 여러분에게 전하고 싶은 것이 있다.

　대학을 졸업했거나 취업을 준비 중인 사람이라면 이제 사회에 진출하게 된다. 또는 이미 사회에 첫발을 내딛은 사람도 있을 것이다. 그래서 '나는 어떤 회사에 취직할 것인가', '회사에서 어떤 성과를 올리고 성공할 것인가?', '언제 결혼해서 가정을 꾸릴 것인가?'와 같은 생각이 많아질 것이다. 벌써부터 배우자나 아이의 모습을 그려보는 사람이 있을지도 모르겠지만.

어찌 됐든 간에 이것만은 기억해두기 바란다. 세상에서 말하는 '이상적인 직장'이나 '이상적인 가정'은 모두 환상이다. 그런 것은 어디에도 존재하지 않으며, 찾으려는 시도 자체가 잘못이다. 그 이유는 지금까지의 수업을 되돌아보면 알 수 있을 것이다.

눈앞의 현실에 눈을 감고 '어딘가에 나에게 딱 맞는 직장이 있다'고 생각하는 것. 또는 실제 직장 생활에 필요한 능력이나 기술은 익히지 않고 학교 수업에만 몰두해서 점수를 올리는 것. 이것은 완전히 퍼즐의 조각을 찾는 '정답주의'의 발상이다. 한 조각의 퍼즐을 찾지 못하면 퍼즐은 영원히 완성되지 못하는 것처럼 말이다.

한편으로 성숙사회에 필요한 것은 퍼즐과 비슷하지만 좀 더 입체적인 레고형의 '수정주의'다. 필요한 블록이 없다고 하더라도 다른 블록을 대용해서 자신이 그린 이상에 가깝게 만들 수 있기 때문이다. 인생은 기성품의 '정답'을 찾는 것이 아니라 자기 자신의 손으로 '납·득·해'를 만들어가는 것이다.

자, 다시 한 번 복습해보자.

0교시에서는 성장사회에서 성숙사회로의 흐름, '정답'이 있는 시대에서 납·득·해를 이끌어내는 시대로의 변화에 대해 살펴보았다. 아마 이 단계에서 시대가 어떻게 변화되었는가? 성숙사회의 납·득·해란 무엇인가? 등에 대해 바로 이해하기 어려운 사람이 있었을지도 모르겠다.

1교시에서는 시뮬레이션 능력에 대한 수업으로, 생각하기 위한 재료를 수집하는 '관찰'과 그 재료를 바탕으로 설계도를 만드는 '가설'에 관해 살펴보았다. 아마 '생각한다는 것은 무엇인가?'에 관한 깨달음도 있었으리라 생각한다.

2교시에 배운 것은 커뮤니케이션 능력이다. 아이디어를 도출하는 '브레인스토밍'과 문제점을 도출하는 '디베이트'라는 양극단의 커뮤니케이션을 배웠다.

3교시에는 로지컬씽킹. 직감에 의지하지 않는 논리적인 사고법을 익혔다. 그중에서도 사상을 다른 각도에서 재검토하는 '크리티컬씽킹'은 성숙사회를 살아가는 데 반드시 필요한 능력이다.

4교시에는 주어진 역할을 수행하는 롤플레잉 수업. 어렸을 때 하던 'ㅇㅇ놀이'의 연장선상이라고 했지만, 상대방의 입장에 서서 생각하는 것의 중요성과 어려움을 알게 됐으리라 생각한다.

그리고 5교시, 마지막 시간에는 프레젠테이션이었다. 자신이 도출한 납·득·해를 다른 사람과 공유하기 위한 능력, 상대를 내 편으로 만드는 능력이다. 이것이 안 되면 아무리 열심히 세우고 만든 납·득·해라고 해도 여러분 혼자만의 가설에 지나지 않는다.

돌이켜보면 1교시에서 5교시까지의 수업이 모두 서로 연결되어 전체적으로 어느 것 하나 없어서는 안 되는 것임을 알았을 것이다.

그러면 여기서 맨 처음 질문으로 돌아가 보자. 급하게 앞으로 책장을 넘기지 않아도 아마 기억하고 있을 것이다. 수업을 시작하며 이런 질문을 했다.

- 사람은 무엇을 위해 사는가?
- 사람에게 행복이란 무엇인가?

인생에 정답은 없고 행복의 형태에도 정답은 없다. 하지만 거기에는 반드시 납·득·해가 있다. 지금의 여러분이라면 관찰, 가설, 검증, 증명의 스텝으로 자기만의 납·득·해를 도출할 수 있을 것이다.

이 커다란 숙제를 여러분에게 맡기고 수업을 마치도록 한다.

KI신서 6261

완벽하지 않은 스무 살을 위한

진짜 공부

초판 1쇄 인쇄 2016년 3월 3일
초판 1쇄 발행 2016년 3월 10일

지은이 후지하라 가즈히로 옮긴이 임해성
펴낸이 김영곤
출판사업본부장 안형태
해외출판팀 조민호 유승현 조문채 신미성
표지디자인 엔드디자인 본문디자인 이하나
제작팀 이영민
출판영업마케팅팀 이경희 김홍선 정병철 이은혜 백세희
홍보팀 이혜연

펴낸곳 (주)북이십일 21세기북스
출판등록 2000년 5월 6일 제10-1965호
주소 (우 10881) 경기도 파주시 회동길 201(문발동)
대표전화 031-955-2100 팩스 031-955-2151 이메일 book21@book21.co.kr
홈페이지 www.book21.com 블로그 b.book21.com
트위터 @21cbook 페이스북 facebook.com/21cbookc

ISBN 978-89-509-6208-1 03320